文库

教学论与生活

Дидактика и жизнь

[苏]Л.В.赞科夫 著

俞翔辉 杜殿坤 译

教育科学出版社

·北 京·

目录

第四章　教学论科学的发展途径 / 94

序言

　　以马克思列宁主义哲学原理为基础的苏联教学论，总结了苏联广大教师的广泛而多方面的经验，提出了有助于改善学校工作的理论原理和实际建议。苏联的教学论研究，吸取了以往卓越的进步教育家们所取得的优秀成果，把有关问题的研究推向前进，同时也对已有的原理做了批判的分析。

　　这些年来，在教学论方面出现了一系列重要著作[①]。这些著作根据从教师经验中取得的广泛材料，考察了教学过程的各个方面，解释并且普及了教学论的原则、规则和要求。达尼洛夫的书做了揭示教学过程的逻辑的尝试。这样的研究方向无疑是值得重视的，它能够丰富教育科学，并在教学实践中收到广泛的反响。

　　承认苏联教学论的成就及其在学校教学实践中的重大作用，并不排斥对教育科学的这一领域的状况给以批判性分析的必要性。在苏联建设共产主义的时期，学校和教育科学面临着高度复杂和责任重大的任务。教学的实践和理论不仅应当赶上生活的要求，而且应当看到长期的远景。

　　苏共中央和苏联部长会议于 1966 年 11 月通过的《关于进一步改善中等普通教育学校的工作的措施》这一决议强调指

[①] 达尼洛夫、叶希波夫：《教学论》，莫斯科，俄罗斯联邦教育科学院出版社，1957 年版；达尼洛夫：《苏联学校的教学过程》，莫斯科，教育书籍出版社，1960 年版；叶希波夫主编：《教学论原理》，莫斯科，教育出版社，1967 年版。

出，"在急剧的科学技术进步和社会进步的条件下，学校的作用比以往任何时候都要大，它应当保证年青一代合格的共产主义社会建设者的全面发展"①。

决议中指出了大大提高学生所学知识的质量、更好地使他们做好参加公益劳动的准备的必要性，并规定了发展学生的多方面兴趣和能力的措施。

长期以来没有从教学论方面加以探讨的一些问题，有必要得到广泛而深入的研究。**教学与发展的相互关系**问题便属于这些问题之列。揭示教学的结构与学生在发展上的进步之间的客观联系的性质，才能从根本上提高学校工作的效果。

学生的一般发展对于他们从学校毕业后的活动的意义，恐怕是无论怎样估计也不会过高的。我国的科学技术进步是如此迅速，以至于学校教育不能赶上它的步伐。当然，使教学大纲、教科书和教学方法适应现代的科学技术水平是完全必要的。然而青年人从学校毕业后，仍将不可避免地遇到他所不熟悉的科学发明和新技术。只有具备相应的智慧、意志和情感品质的人，才能迅速地辨明方向和掌握他不熟悉的资料。

当然，对学生的发展产生影响的，不仅是学校，还有家庭、儿童和青年的组织、书籍、广播、电影、戏剧等。然而，既然学校的教学和教育工作是一个目标明确的体系，它的基本任务就是以多方面的科学知识和技巧武装学生，那么学校就应当在学生的发展上起主导作用。

教学与发展的问题的迫切性，不仅是由科学技术的迅猛进展所决定的。在实现崇高的人道主义理想——个性的全面发展上，苏联学校起着显著的作用。个性的全面发展意味着精神丰富、道德纯洁和体魄完美在个性中的和谐的结合。

首先，教学论已经不能只局限于研究知识和技巧的领域，无论这一领域有多么重要。必须探讨教学过程的这样一种结构

---

① 《真理报》，1966 年 11 月 19 日。

的科学教育学的原理，使这种结构在学生的发展上取得最优的结果。这样一来，就必须找出适应这一任务的新的原则、规则和要求。既然学生的发展是在教学过程中进行的，那么那些以掌握知识和技巧为目的的教学论原则和要求，也会在发展上带来一定的结果。但是，任务并不在于获得**某种**结果，而在于要使教学对于学生的发展取得**最大限度的**效果。而要完成这一任务，正如下文将要指出的那样，则要求对教学过程予以**专门的**周密思考，并且要求有一种**专门的**教学过程的结构。

其次，必须研究和论证教学与教育的真正**统一**的具体途径和形式。毫不夸张地说，完成这一任务是我们国家所期待的改进苏联学校的工作所不可缺少的条件之一。众所周知，教学论中既谈到教育性的教学、谈到形成世界观，也提到在教学过程中培养学生的独立性、首创精神及其他一些个性品质的问题。对上述这些重要问题的考察，有助于实现教学与教育的联系。但是，现在仅仅做到这一点已经不够了。生活必然地要求坚决改善学校的德育工作。

当然，创立实际地完成上述任务所必需的科学教育学原理，不单是与教学论这一领域有关，而且主要是与教育论有关。与此同时，教学论也应当发挥重要的作用，以便克服把教学与教育形式主义地撮合在一起的现象。应当这样来安排**学习**，使**学习本身**就能培养有高尚道德的人。从这些意图的角度来看，关于学习动因问题、师生关系问题和教学方法问题，都将有不同的提法。

更新学校教学的教学论体系，在克服学校落后于我国社会发展的要求方面，将可发挥重大的作用。自然，要完成这一任务，不能靠纯粹的推论，不能靠从词语上重新表述或者新编一些补充的教学论原则和要求，而是要根据学校面临的任务对学校的实际进行深入的研究，同时开展大胆的教育实验。于是，关于组织教育学研究（其中包括教学论研究）的方法问题，就被比以往任何时候都更加尖锐地提出来了。

众所周知，研究方法一直是教育学的薄弱环节。而现在对这种状况已经是完全不能再容忍的了。目前摆在学校和教育科学面前的极其复杂的任务，要求采用一些卓有成效的研究手段，并且应当根据所研究的课题的特点，有区别和有目的地加以运用。

研究和总结教师们的先进经验，这是应当予以密切注意的事。对于这些经验的描述和分析当然是必要的，而且教学论的优点也正在于它收集和在某种程度上分析了广泛而多方面的实际教学经验。但是现在从新任务的角度来看，提出了一系列有待回答的问题：我们能不能满足于迄今仍占统治地位的对教师经验所做的那种分析和概括呢？还有哪些更为完善的分析和概括方法？什么是教师的技巧以及它跟教学和教育的客观规律有什么关系？先进教师经验如何被条件各不相同的其他教师（他们的工作作风各有异同，他们具有各自的特点）所掌握？如果对这些问题能够做出圆满的回答，那么研究和总结先进的和革新的经验，大概会带来好得多的成果。

数学方法和控制论向各门科学的渗透，也涉及教学论。建立程序教学、教学算法化、创造和使用教学机器等这些尝试是人所共知的。与此相联系的是，产生了对这些革新措施**从教学论上**进行评价的必要性。但是，对这些新提出的教学手段的适合性和效益如果不做研究，尤其是如果不做实验研究，便没有可能做出这样的评价。

以上所述，还远远没有把因为新任务的要求而应当成为教学论研究对象的那些问题包括无遗。我们只是提到了几个最重要的问题，以便表明教学论的研究范围已经扩大到何等宽广的程度，同时表明，为了不辜负人们对教育科学的期望，当前该有多少事情要做。

*   *   *   *

最近几年，对教学论现状的不满情绪表现得特别明显。1962—1964 年在《国民教育》杂志上进行的辩论就表明了这一点。例如，列舍特尼科夫写道："我们的教学论往往不仅没有引导学校教学前进，而且甚至落后于苏联学校的先进的实践。"① 帕拉玛尔丘克②和这次辩论的其他参加者也都表达了同样的看法。

利沃夫市的教师斯杰潘尼申指出，现行教学论的主要缺点就在于：教学论专家们"主要是以发展学生的再现力，而不是以发展学生的创造力为出发点的"③。

斯卡特金指出，教学论的一系列极重大的问题没有得到透彻的研究。在这些问题中，例如，他指出了班集体作为一个学习劳动的集体的形成问题。他还认为，教学论应当不仅是教学的理论，而且应当是自学的理论。因为毫不奇怪，对于人的顺利的实践活动来说，不仅需要在学校里面获得的知识，而且需要能够完全独立地获取的知识。④

在辩论过程中，人们对教学论研究的方法发表了不少意见。例如，奥普拉坎斯基写道："许多教育学著作（包括教学论著作）的缺点在于，它们是靠人为的途径制造出来的，是由学校经验（哪怕是正面的经验）的片段拼凑而成的。研究者通过观察的途径收集一些正面的事实，而把它们从教师工作的总的体系里分割出来。"⑤

辩论中也涉及数学方法和控制论方法在教学论中的运用问题。伊捷利松在探讨运用上述方法的可能性时，提出了它们在教学论研究中的地位和具体作用的重要问题。他认为最重要的要求是，对于具有具体特性的教学论现象应当进行教育学的、心理学的、社会学的切实研究和分析，而在教学论中运用数学方法和控制论方法要跟上述研究和分析保持不可分割的统

---

① 列舍特尼科夫：《教儿童学会学习》，载《国民教育》1963 年第 6 期。
② 帕拉玛尔丘克：《更大胆地探索新事物！》，载《国民教育》1963 年第 6 期。
③ 斯杰潘尼申：《有些问题需要回答》，载《国民教育》1963 年第 3 期。
④ 斯卡特金：《论教学论研究的一些重要方面》，载《国民教育》1964 年第 3 期。
⑤ 奥普拉坎斯基：《谈谈我们的教学论的力量和弱点》，载《国民教育》1963 年第 5 期。

一性。①

在辩论的进程中所提出的问题可能并不是发展教学论的全部重要问题，提出的某些见解也可能并不完全正确。但是无论如何，科学工作者和教师们都一致承认，教学论的现状不能满足生活的需要，要把教学论提高到新任务要求的水平还需进行大量的工作。

* * * *

本书将要探讨的一系列问题在苏联教学论中直到现在还没有相应的地位，或者只是以极其一般的形式顺便地被提到过。同时，本书将对教学原则、教学方法提出一些新的看法，特别注意的将是教学与学生的发展的关系问题。

我们没有向自己提出这样的任务：在总结现有的教学论著作的基础上，对业已提出的各种问题做系统的阐述，或者给予详尽无遗的回答。本书提出的那些原理，首先而且主要是以教育科学院教育学理论和教育史研究所的实验教学论实验室以及后来的教育与发展实验室从 1952 年到现在所进行的研究的成果为根据的。

本书试图从上述实验室的研究以及其他的教学论研究中抽取一些材料，它们在某种程度上也许有助于答复我们的现时代和苏联学校的发展前景所提出的问题。

---

① 伊捷利松：《论教学论的科学原理》，载《国民教育》1963 年第 10 期。

第一章　教学与发展

教学与发展的关系问题

教学与发展的关系，既可以作为心理科学的课题，也可以作为教育学的课题来研究。虽然在研究教学与发展关系的这两条渠道之间不能划一条分明的界限，但毕竟还是有必要把它们加以区别的。在心理学中，并不提出制定一定的教学体系或教学方法的任务，关于教学对发展的影响问题只做一般性的考察，而是把重点放在对发展本身的研究上，放在对发展进程的研究和对所取得的心理学事实的理论说明上。

早在 20 世纪 30 年代，维果茨基就十分重视作为心理学课题的教学与发展的关系[①]。他对当时人们广泛熟悉的皮亚杰、詹姆斯、考夫卡的理论做了切实的批判分析。维果茨基是把这些人的学说作为企图解决教学与发展问题的有代表性的学说加以考察的。

维果茨基形成了他自己的对教学与智力发展问题的观点，这是跟批判上述作者的理论紧密联系在一起的。教学可以走在发展的前面。教学不仅建立在发展的业已完成的程序上，更首先建立在那些还未成熟的心理机能上，并推动它们的形成向前进。

这些原理跟维果茨基的心理学理论是密不可分地联系着的。根据他的理论观念，学龄期的特点就是（学生）对自身的心理过程的有意识性与随意性正在产生和发展。例如，在学前期，儿童在口语形成上已经有了很大进展，但是实际的言语活动还是未被意识的。在入学后，人们开始教儿童学习书写和语法，而这时在儿童身上，那些保证掌握书面语和语法的心理机能还未全

---

① 维果茨基：《心理学研究选集》，莫斯科，俄罗斯联邦教育科学院出版社，1956 年版。

1

部形成。但是由于掌握书面语要求儿童言语活动具有自觉性和随意性，语法的学习也使儿童了解了一些语言规律性，于是，儿童通过学习，使自己的智力发展大大地向前进了。

维果茨基的理论原理的特征，就是承认儿童心理活动的发展具有真正的社会本性：在这里，合作、教学是决定性的条件。同时，发展并不单纯被归结为掌握知识和技巧；心理机能在教学过程中得到改造，获得新的性质。

关于决定儿童发展的因素、教学在发展中的作用问题，在国外教育学和心理学中占有不低的地位。儿童的智力发展及发展与教学的联系问题，在许多外国心理学家（皮亚杰、埃维里尔、加斯里、坎托尔、托尔普、赫尔洛克等）的著作中，要么有专门的研究，要么在某种程度上被提及。这一问题表现为许多不同的侧面：心理过程的发展与社会发展，成熟与发展，发展的研究与学习的理论，迁移问题，等等。

在国际会议上，教学与发展的关系问题也引起了很大注意。那么，资产阶级教育学和心理学的代表人物对于儿童发展的因素问题是怎样回答的呢？有一种学说认为，儿童的发展就其本性来说乃是自生的（唯心主义的看法），也就是说，乃是儿童身上原本就有的心理属性的展开，这种学说是否已经被放弃了呢？

安纳尼耶夫在评论 1957 年在意大利的佛罗伦萨举行的第二届国际实验教育大会的总结时写道："这届国际实验教育大会表明，虽然个别的进步学者一直在反对自由教育论和儿童发展自生论的霸道势力，然而这些理论在资产阶级教育学和心理学中仍占统治地位，并构成它们的思想危机的一个特征。"①

安纳尼耶夫就国际应用心理学大会（1958 年在意大利的罗马召开）的总结也做出了类似的结论："大多数发言的依据，是对儿童智力发展的测验研究和对此种发展的所谓因子分析。显而易见，在这些发言中，教学、教养和

---

① 安纳尼耶夫：《儿童在小学的教学和教育过程中的发展》，载《小学的教学和教育问题》文集，莫斯科，教育书籍出版社，1960 年版，第 4 页。

教育是被作为偶然的、附带的、其作用比遗传和环境的影响次要的条件来看待的。"①

由此可见，尽管对于儿童的发展问题是从许多方面进行考察的，并且都有事实的积累，然而资产阶级教育学和心理学对上述基本问题的回答，仍和几十年前一样。我们可以举彪勒和斯腾在很久以前提出的学说为例。

彪勒认为，当谈到发展这个词的最初的和真正的含义时，人们所指的是：第一，素质；第二，素质实现的目的或方向。机体中原本就具有的目的的实现，就在于心理生活的完善。在心理发展中，表现出内部的节律、精神的成长。外界影响的作用只局限于或者加速或者阻碍这种内部节律②。可以看出，彪勒的学说的核心，是断言存在一种内在目的，它预先决定着发展的方向。

斯腾也提出一种存在谬误的发展学说。在斯腾看来，"个性的核心"就在于它是内在的固有目的的体现者。斯腾把个性和周围世界的相互作用解释为两者的"会合"。所谓会合，就是周围世界参与"铸造"个性预有的倾向。③

彪勒和斯腾的学说的特点就在于其实质上是目的论，即认为在这里起决定作用的是对主体本来就有的某种内在目的的追求。外界影响不被看作心理发展的原因；它们不能创造任何东西，它们的作用只被归结为或者加速或者延缓原来就有的属性的表现。这些观点与科学地、因果地理解发展是根本对立的。

在苏联心理科学中，有一系列关于发展及其源泉问题的原理已经占据牢固的地位。这些原理中有一种提法，认为儿童的心理发展是受教育④制约的。这种提法经常被加以精确化，于是就采取了下述的表述形式：教育在儿童个性的发展中起决定的、主导的作用（科斯丘克）。

此外也有人正确地指出，教学、教育和发展之间有着复杂的相互依存性。

---

① 安纳尼耶夫：《儿童在小学的教学和教育过程中的发展》，载《小学的教学和教育问题》文集，莫斯科，教育书籍出版社，1960 年版，第 5 页。

② 彪勒：《儿童的精神发展》，载《新莫斯科》，1924 年版，第 70—71 页。

③ Stern W. Die Psychologie und der Personalismus. Leipzig, 1917.

④ "教育"（воспитание）这个术语在这里是用其广义，包括教学（обучение）在内。

科斯丘克写道："儿童的心理发展受到对他的教学和教育的制约……同时，教学和教育本身又是随着儿童的发展而发展，依赖于儿童的年龄特点和个性特点的。社会通过学校、教师和家长向儿童不断地提出日益复杂的要求，儿童的发展就是在这种要求的影响下实现的。而且，由于在发展进程中创造着儿童完成新的要求的可能性，于是提高要求也就有了现实的可能。"①

承认教育在儿童发展中的主导作用，绝不意味着忽视发展的内在规律性。遗憾的是，发展的内部源泉和外部源泉的相互关系问题，几乎一点儿也没有得到研究。对这种关系的研究是最重要的任务之一，在这里特别需要心理学和教育学的相互配合。

科斯丘克正确地指出："关于教育在儿童发展中的决定作用的原理，在我们的心理学和教育学文献中表述得不仅非常抽象和公式化，而且很片面。在关于这个问题的总结性论断中，很少阐明教学、教育与发展这几个过程之间的内在联系，没有明确规定对年青一代个性发展进行的教育指导取得效果的条件。"②

从上述情况来看，对教学与发展问题进行教育学研究的重要作用，已经特别明显地表现出来。这种研究将有助于解决一系列重大的方法论问题。同时，弄清教学在学生发展中的具体作用，探寻教学作用于发展的最合理的途径，也将成为积极改善教学和教育过程的科学教育学的依据。

在对教学与发展这一教育学问题的研究中，通过什么途径才能在学生的发展上取得预期的结果的问题具有头等重要的意义。关于教学的发展性作用的思想，曾经以这样或那样的形式反映在许多卓越的思想家和教育家（卢梭、裴斯泰洛奇、第斯多惠等人）的著作里，而乌申斯基则结合小学教育特别予以强调。

关于应该如何理解教学的发展性作用的问题，是跟所谓"形式教育论"相联系的，乌申斯基在《星期天学校》一文里曾谈到他是如何看待教育的形式目的和实质目的之间的关系的。乌申斯基写道："**第一种目的即形式目**

---

① 科斯丘克：《论教育与儿童发展的相互关系》，载《苏维埃教育学》1956 年第 12 期。
② 同上。

的，在于发展学生的智能，发展他的观察力、记忆力、想象力、幻想和悟性。"①为了达到第二种目的即实质目的，"必须合理地挑选用于观察、认识和思考的对象"，即那些应能唤醒儿童的智能的事物。

教师不应当迷恋其中的任何一个目的，以至于忘记了另外一个目的。

可以看出，乌申斯基不但没有把形式教育和实质教育对立起来，反而肯定了两者之间的内在联系。他在批评"形式教育论"时说："像人们以前所理解的那种**悟性的形式的发展**，乃是一种**并不存在的幻影**，悟性只有在实际的知识中才能得到发展……"②

乌申斯基认为发展学生的思维具有重要意义，他制定了一个逻辑严整的练习体系。这个体系的核心，是理解词的含义（这些词中的大部分是儿童在其以前的经验中获知的），并把这些词归结到某一种概念上去。例如，在《祖国语言》课本的前两册中，就有学习用品、玩具的名称。儿童按照作业题的要求，再现有关的名称，在连贯的课文里，在玩具名称或者学习用品名称下面画线，回答"什么是书、什么是球"等问题。在《祖国语言》课本里，还有这样一些题目："家具""餐具""衣服""鞋子""内衣""家畜和野兽"等。

由此可见，乌申斯基认为在学生的智力发展上有两条工作途径。一条途径是在获得知识的过程中"顺便地"（乌申斯基本人的用语）进行智力练习。另一条途径则在更大的程度上指向发展本身，然而在这里学生的活动也是凭借一定的教学材料进行的。这第二条途径首先引向逻辑思维的形成。

苏联教育科学中有一条公认的原理，就是学生的发展正是在掌握科学基础知识的过程中达到的。"我们的普通教育和综合技术教育理论是从培养全面发展的人这一个目的和任务出发的，是从学校教育应该使学生具有一定的系统的知识、技能和技巧，同时应该保证学生认识能力的发展出发的。"③

---

① 乌申斯基：《乌申斯基文集（第三卷）》，莫斯科-列宁格勒，俄罗斯联邦教育科学院出版社，1948 年版，第 500 页。

② 乌申斯基：《乌申斯基文集（第八卷）》，莫斯科，俄罗斯联邦教育科学院出版社，1950 年版，第 661 页。

③ 译文参照凯洛夫主编：《教育学》，北京，人民教育出版社，1957 年版，第 100 页。

教学论著作也是按照这个方向来阐述教学的发展作用的。例如，加涅林写道："教学不仅是获得知识的过程，而且是智力发展的过程。"①

在学生的发展方面，有人认为只有教学方法是起重大作用的。

据此，人们提出了诸如关于选择传授新教材的方法的问题：重要的是要选择能够促进学生的观察力和思维的发展的方法②。有时候人们会列举一些有助于发展学生思维的个别的教学方式：用几种方法解应用题，用生活中的现实材料编应用题，随后解答这些应用题并分析和检查解题方法等。

人们特别强调指出了那些能够引起学生生动而积极的认识活动、要求把知识运用于劳动的教学方法和教学形式。这些方法对于学生的智力发展，对于学生的能力、禀赋、独立性、首倡精神的发展也都是有效的。③

达尼洛夫认为，教学对于学生智力发展产生影响的重要条件，是让学生把他们以前用过的逻辑运算和方式用到学习新教材上去。达尼洛夫分析了六年级一节题为"多项式乘法的几个公式"的代数课，利用这一教材对上述原理做了具体说明；他认为起重大作用的是：使用合理的方法推导出公式，找出算术式和代数式（它们的相似点是隐蔽的）之间的异同，使用新的代数公式来解答算术题。④

运用到小学各年级，也是按照上述方向来考察某些教学方法和方式的作用的。例如，季托娃就注意到在阅读课、自然课和历史课上应适当地组织听和观察，以达到发展儿童的表象的目的。⑤在确定劳动课的教学法时，考虑到使技能和技巧的形成与发展学生的智力积极性和独立性结合起来。⑥

总之，当教学论中谈到要在学生的发展上取得预期结果的教育学途径时，就特别重视教学方法和方式。探索的方向就是：从上述任务的观点出发

---

① 加涅林：《教学的自觉性原则》，莫斯科，俄罗斯联邦教育科学院出版社，1961 年版，第 35 页。

② 译文参照达尼洛夫、叶希波夫编著：《教学论》，北京，人民教育出版社，1961 年版。

③ 叶希波夫主编：《教学论原理》，莫斯科，教育出版社，1967 年版；叶希波夫：《学生在课堂上的独立工作》，莫斯科，教育书籍出版社，1961 年版。

④ 达尼洛夫：《苏联学校的教学过程》，莫斯科，教育书籍出版社，1960 年版。

⑤ 季托娃：《学生的言语修养和发展》，载《小学的教学和教育问题》文集，莫斯科，教育书籍出版社，1960 年版。

⑥ 顿科诺加娅：《关于在劳动课上发展四年级学生的智力积极性和独立性》，载《小学教学过程中儿童的教育和发展》文集，莫斯科，俄罗斯联邦教育科学院出版社，1960 年版。

来挑选和运用教学方法，寻求相应的方法和方式，或者提出已知方法和方式的变式。

创立一个着眼于学生的一般发展的教学论体系，所遵循的则是另外一条途径。这条途径与前述途径的区别就在于，学校在学生的发展上所做的工作，不是按照个别的零散的线索，而是作为一个整体过程进行的。我们在这里和下文中将使用"实验体系"这个术语，它指的是苏联学校的小学教学论和教学法的一套实验方案。"实验体系""实验教学"这两个术语在使用上是有不同含义的。我们使用"体系"这个词，不过是为了强调实验教学的整体性而已。

我们于 1957 年开始在小学教学中进行研究，在研究中起重要作用的一个设想是：教育影响的整体性是一种质，它制约着教育影响能否在发展上收到较大的效果。在这里我们是以高级神经活动生理学和心理学的理论原理作为出发点的。巴甫洛夫关于大脑两半球皮质活动的系统性的学说，最重要的观点之一，就是由于系统刺激的准确的、经常的效应，而产生一个"协调的、均衡的内部过程体系"[①]。换句话说，内部过程体系是由一定的外部影响体系所制约的。

内部过程的"协调的体系"之存在，看来触及了儿童心理发展的实质。这一论断在维果茨基有关学生的智力发展的心理学学说中也找到了依据。维果茨基认为，对自身的心理过程的有意识性和随意性的产生与发展，是学龄期的突出特点，这时，在体系中掌握概念起着特殊的作用。他写道："……**只有在体系中，概念才能获得有意识性和随意性。有意识性和随意性就概念方面说完全是同义词……**"[②]

我们认识到，上面所引的巴甫洛夫的论述，是他就动力定型的形成而说的；而维果茨基的主张中最重要的是，儿童所掌握的科学概念，在与事物有关系的同时，也包含着与其他概念的关系。但是，巴甫洛夫和维果茨基所表

---

① 巴甫洛夫：《巴甫洛夫全集（第三卷 第二册）》，莫斯科-列宁格勒，苏联科学院出版社，1951 年版，第 240 页。

② 维果茨基：《思维与语言》，载《心理学研究选集》，莫斯科，俄罗斯联邦教育科学院出版社，1956 年版，第 248 页。

述的思想，不仅在其专业内容上有重大意义，而且是具有普遍意义的科学思想，我们正是从这个意义上引证他们的论点，从而强调教育影响的整体性对儿童发展的特殊意义的。

既然我们的教育研究的主要目的在于揭示教学结构与学生一般发展进程之间的客观联系的性质，那么建立一个与传统体系具有重大区别的、能够对所研究的一系列问题做出回答的实验教学体系，就是必不可少的了。我们提出下列这些问题：在现行的、传统的教学结构下所达到的学龄初期儿童的发展，是否已经到了极限？那种有可能在学生的发展上获得更大成效的教学论体系是怎样的一种体系？学生的一般发展进程在传统教学法下和在小学教学的实验体系下各有何种表现？是否能够证实这样的设想是正确的，即在学生的一般发展取得重大进展的基础上，将保证在知识和技巧的掌握上获得良好的成绩？

这样，教育实验就成为我们的基本研究方法。这一方法的决定性方针之一，就是把小学教学的实验体系跟现行的传统体系按其性质和结果进行比较。

我们在研究教学和发展的教育学问题时，是从教学和教育在儿童的发展中起主导作用的原理出发的。同时，我们将这样的原理作为重要的出发点，即单纯以掌握知识和技巧为目的的教学，不可能在学生的发展上产生较大的效果；必须注意到发展的任务而对教学过程进行专门的思考和安排。作为我们的行动指南的始终是这样一条不可动摇的真理，即发展的任务不是通过着眼于某些心理品质的什么特殊练习的途径所能完成的，而是在掌握科学原理、掌握知识和技巧的过程中完成的。

不能不顺便指出，关于必须从发展的任务这一角度来专门考虑教学的安排，有时是有争议的。例如，达维多夫就提出这样的意见，似乎"提出保证儿童的一般发展的直接要求，虽然具有其人道主义的气质，但是这种要求只有在学习过程本身不能在心理发展和道德发展的领域里取得应有的效果时，才是有意义的"。接着，达维多夫提醒说，教育上的人道主义（例如俄国的乌申斯基的思想）和专门的"发展性"手段只有在"资产阶级的资本主义学校"的条件下才有意义。他继续写道："在苏联学校里，以发展性的内容去充实教学大纲并没有什么障碍……因此，虽然赞科夫所提出的那个'核心'在表面上是很诱人的，但是他的内在思想（不管他是否愿意）却是不符合新学校的条件和可能性的。"①

达维多夫在做出如此重大的判断时，只局限于断言"在苏联学校里，以发展性的内容去充实教学大纲并没有什么障碍"。众所周知，苏联学校的教养内容，在方法论、科学性和教育学方面，不仅无可比拟地高于革命前学校所传授的知识，而且与之有着原则性的、质的区别。

但是，由此并不能得出达维多夫想要做出的那个结论，而是合乎逻辑地引申出一个**相反的**结论：苏联学校所特有的教育内容，对于从**发展**任务的观点来考察和安排教学过程，从而保证教学的最大限度的效果（和乌申斯基时代的学校不同），创造了**特别**有利的条件。

后面我们举出了一系列教学论原理（见本书第11—12页），它们都是指向如何专门地引导教学去完成学生的发展任务这一方向的。我们只想补充说明一点，即在确定教学论的对象时，应当把探讨学生发展的教育学途径作为基本问题之一，这就是"……如何在掌握科学基础知识的基础上，发展儿童的认识兴趣和认识能力，并形成他们的共产主义世界观"②。

心理学家们的著作也是坚持要目标明确地在儿童的发展上下功夫的。例如，科斯丘克指出，忽视儿童智力发展的特点的现象是经常存在的，他写道："正是由于这一原因，才出现了对于考虑儿童发展的年龄特点和个人特点的意义估计不足的情况，也才得出了这样一种结论：似乎发展并不要求教师给予专门的注意，也不要求有专门的指导方法。"③

从上述一切可以明确地看出，教学过程确实应当从学生发展的任务出发来安排，而不是单纯地以掌握知识和技巧作为它的方向。这一对待教学结构的观点，对于克服学校工作在学生的发展上收效甚微的状况，具有十分重要的意义。这种缺点在一般刊物和教育刊物中已经不止一次地被指出过。

例如，达尼洛夫强调指出："学校的教学还是经常地归结为单纯掌握

---

① 达维多夫：《论小学教学内容的改变》，载《苏维埃教育学》1964年第4期。
② 叶希波夫主编：《教学论原理》，莫斯科，教育出版社，1967年版，第7页。
③ 科斯丘克：《论教育与儿童发展的相互关系》，载《苏维埃教育学》1956年第12期。

'大纲教材'，而对学生的一般发展的影响十分微弱。"①

卡申在考察留级问题时指出，在留级生身上，往往可以看到他们的发展比较差。②

在教学论的一般理论问题中，斯卡特金对教学与发展的相互关系问题给予了特殊的地位。他写道："结合对教学内容和教学方法的探讨，教学与发展的相互关系问题的研究具有重大的现实性。"③

*　　　*　　　*　　　*

下面将要谈到小学教学的实验体系，这一体系的目的是要在学生的一般发展上取得良好的结果。与此相联系的是，必须尽可能地按照心理科学中对这一问题的研究现状，指出一般发展所具有的某些突出特征。

教学论和心理学著作（安纳尼耶夫、维果茨基、达尼洛夫、科斯丘克等人），提到下列术语："发展""一般发展""智力发展""一般智力发展"。我们暂且撇开上述术语中的第一个术语（"发展"）不谈，因为它是多义的，并且在不同的上下文里可能有时指发展的总体，有时指某一种发展。

至于"智力发展"这个术语，许多作者使用它时主要而且首先是指思维过程的发展，指智力活动、智力运算和智力方式的发展。例如，鲍戈亚夫连斯基和敏钦斯卡娅写道："可见，智力发展的最有代表性的特征，不仅是积累知识的储备，而且是积累某种很好地'磨炼'出来的并且牢靠地巩固的、能够用在智力技能上的智力方式和智力运算的储备。"④

维果茨基对智力发展有不同的理解。虽然在对教学与智力发展问题的探讨中，他依靠了对科学概念和生活概念的发展的比较研究（在心理学上通常把这些问题归入思维的领域），但是他对智力发展的解说不仅用了更广泛的含义，而且有着质的区别。维果茨基在分析上述研究的结果时写道，学生的

---

① 达尼洛夫：《苏联学校的教学过程》，莫斯科，教育书籍出版社，1960 年版，第 21 页。

② 卡申：《关于留级问题》，载《国民教育》1965 年第 8 期。

③ 斯卡特金：《教学论问题研究的基本方向》，载《苏维埃教育学》1966 年第 8 期。

④ 鲍戈亚夫连斯基、敏钦斯卡娅：《学校里掌握知识的心理学》，莫斯科，俄罗斯联邦教育科学院出版社，1959 年版，第 166 页。

全部智力发展的中心问题就是有意识性和随意性的发展问题。①

　　"一般发展"这个术语，就其无所不包的含义来说，应当既包括身体发展，又包括心理发展。揭示发展的这些方面的复杂的相互联系这一任务本身，乃是解决人的整体发展问题的最重要的任务之一。②遗憾的是，在学龄初期儿童的教学、身体发展和心理发展的相互关系问题上，还没有进行过专门的教育实验研究。也就是说，我们的探讨还只局限于研究儿童的教学和心理发展的相互关系。

　　这样，本书中所说的一般发展，就是指心理活动的多方面的发展。一般发展区别于智力发展之处，就在于它的含义中不仅包括认识过程，而且包括意志和情感。众所周知，在心理科学中，直到最近，都是把意志和情感（情绪）作为心理现象的特殊方面，而与感觉、知觉、记忆、思维及其他认识过程区分开来的。

　　区分一般发展和特殊发展对于教育学研究也是很重要的。既然在心理科学中没有做出明确而有理论论证的区分，也就只好利用间接的途径。

　　我们参考了心理学上对各个年龄阶段的知觉、记忆、思维及其他心理过程的变化的研究成果③。虽然对这些变化的研究没有考虑到教学的条件，但是这些研究毕竟提供了关于心理现象某些方面的发展的某种观念。

　　关于禀赋和能力问题的研究，为我们提供了区分发展的不同种类的材料。我们这里指的是捷普洛夫关于音乐能力心理学的著作④和克鲁捷茨基涉及数学能力方面的著作⑤。上述研究都有助于弄清**一般**发展与**特殊**发展之间

---

　　① 维果茨基：《思维与语言》，载《心理学研究选集》，莫斯科，俄罗斯联邦教育科学院出版社，1956 年版，第 318 页。

　　② 安纳尼耶夫就曾指出这种整体观点的必要性，参见他的论文《人是教育的对象》（载《苏维埃教育学》1965 年第 1 期）。

　　③ 斯米尔诺夫：《记忆心理学问题》，莫斯科，教育出版社，1966 年版；津钦科：《不随意识记》，莫斯科，俄罗斯联邦教育科学院出版社，1961 年版；鲁宾斯坦：《普通心理学原理》，莫斯科，教育书籍出版社，1946 年版。

　　④ 捷普洛夫：《音乐能力心理学》，载《个体差别问题》文集，莫斯科，俄罗斯联邦教育科学院出版社，1961 年版。

　　⑤ 克鲁捷茨基：《学生数学能力心理分析的经验》，载《能力问题》文集，莫斯科，俄罗斯联邦教育科学院出版社，1962 年版。

的区别。

为了完成这一任务，那些涉及一般禀赋和特殊能力的著作①为我们的研究提供了一些出发点。安纳尼耶夫写道："在禀赋与特殊能力的关系问题后面，还有一个更重大的问题，即一般发展与特殊发展的关系问题，这个问题对于儿童心理学和教育心理学具有特别重要的意义。"②

考虑到上述著作中包含的理论思想和事实，可以提出这样的说法：个性品质也像行为方式一样，是以**一般**发展为基础的，是在任何材料上，在**多种多样**的情境中表现出来的。而特殊发展首先而且主要地是在某一特定的领域里（例如在某种艺术领域、科学领域或科学个别分支的领域里）表现出来的。

当然，一般发展和特殊发展并不是人的形成的两条彼此隔绝的渠道。相反，一般发展是特殊发展的牢固基础并在特殊发展中表现出来，而特殊发展又在促进一般发展。不言而喻，在某一领域里的活动，单单在一般发展的基础上是不可能顺利进行的，还必须形成心理活动的某些一定的属性（例如，音乐领域里的音乐听觉、调式感等），必须掌握相应的知识和技巧。

鲁宾斯坦在批判资产阶级心理学的形而上学观点时指出，片面地分析研究个别的特殊能力，把一般禀赋归结为特殊能力的简单的机械的组合，"就会丢掉人的个性的现实的统一性"③。

安纳尼耶夫强调指出，忽略一般天赋而用一大堆特殊能力去取代它，是站不住脚的。他写道："如果情况的确如此，那么每一个学生在十年的上学时期内，就不得不变换近百种特殊能力，去适应教学计划中许多个别的学科。"④

由此可见，有机地联系学生的教学而研究其一般发展的必要性，是有其方法论的和实践的根据的。

---

① 米亚西谢夫：《苏联心理学中的能力问题及其最近的任务》，载《能力问题》文集，莫斯科，俄罗斯联邦教育科学院出版社，1962 年版。

② 安纳尼耶夫：《论能力与禀赋的关系》，载《能力问题》文集，莫斯科，俄罗斯联邦教育科学院出版社，1962 年版，第 18 页。

③ 鲁宾斯坦：《普通心理学原理》，莫斯科，教育书籍出版社，1946 年版，第 645 页。

④ 安纳尼耶夫：《论能力与禀赋的关系》，载《能力问题》文集，莫斯科，俄罗斯联邦教育科学院出版社，1962 年版，第 19 页。

应当强调指出，儿童的发展当然包括"发展"这个概念。其无所不包的含义所涉及的内容包括，由简单到复杂、由低级到高级的运动，沿着上升的路线、由旧的质的状态到新的较高的质的状态的运动，更新的过程，新的东西的诞生，旧的东西的消亡。

实 验 教 学

小学教学的实验体系是分阶段研究制定的。第一阶段的研究在莫斯科第172 学校里进行[①]。

我们在这所学校里有一个教育实验室[②]和一个实验班。实验班的任课教师是刚从师范学校毕业的女教师库兹涅佐娃。她还没有做过教师工作，这对实验来说有一定的优越性。

在四年间，这个班的教师和学生都没有变动。学生们从一年级依次升入二、三、四年级。实验室领导人和工作人员出席了实验班的几乎所有的课和其他活动，观察教师的工作、儿童的学习过程、师生的言谈和行为。

虽然实验班的教学和教育工作跟在传统的小学教学法条件下相比，从一开始就在不同的基础上和以不同的形式进行，但是新的体系无论在其整体上或细节上都正是在一个班的实际工作过程中建立的。实验人员和女教师库兹涅佐娃一起，每周用两三次课后时间，分析前几天的教学和教育过程，制订此后一段时间的行动计划。同时我们找出已有的失策和错误之处，指出如何予以克服。我们把普通的小学教学大纲、教科书和供教师用的教学法参考书拿来，就大纲中那些有待研究的具体问题进行交谈，从我们的观点出发予以批判的分析：这里包含着哪些合理的成分；为了在儿童的发展上取得良好效果，有哪些地方是不好的和不足的。这些交谈的主要内容，就是探寻对学生

---

① 在这一阶段进行研究的有：高级研究员布德尼茨卡娅、兹鲍罗夫斯卡娅、兹维列娃、波利亚科娃和托夫平涅茨。近几年来，实验室的编制有所扩充，参加研究的还有：高级研究员罗玛诺夫斯卡娅、茹拉夫列娃，初级研究员阿尔金斯卡娅、维尤恩娃娃、德米特丽耶娃、奥鲍佐娃和丘特科。研究的领导人是赞科夫。

② 关于该实验室的简单介绍，请参见赞科夫：《教学论研究的对象和方法》，莫斯科，俄罗斯联邦教育科学院出版社，1962 年版。

的发展更为有效的新的教学途径。

同时，实验室的工作人员和领导人在课堂上和其他活动中进行观察。每一节课的进程都以记录形式或用录音设备记录下来。我们借助实验心理学的方法对发展进行专门研究，并对掌握知识和技巧的情况进行研究。分析这些事实材料，对制定小学教学的实验体系起了很大作用。由于我们在另外一所学校里进行着类似的观察和研究，那里有一位有经验的、熟练的女教师在一个相应的普通班里按照传统教学法进行教学，使我们有可能得到另一种实际材料，用来对我们的新的教学途径和传统教学法这两者的效果加以比较。

这样，我们在四年时间里制定了小学教学的实验体系的教学论原则，并根据这些原则编写了教学大纲、供教师用的教学法指示和供学生用的教材（包括俄语、数学、劳动课的习题和练习，自然、地理等科的课文）。与此同时，我们得到了多方面的实际材料，这些材料说明了跟普通班（对照班）学生相比较的实验班学生的一般发展的进程以及掌握知识和技巧的情况。

在研究的下一个阶段，实验体系的工作大大扩大了。1962—1963 学年，这一体系在加里宁和图拉的 30 个小学班里实行；1963—1964 学年，在分布于俄罗斯联邦的 25 个边区和省以及几个加盟共和国的 100 个小学班里实行。实验班的数目一年比一年多，到了 1966—1967 学年，我们在俄罗斯联邦的 52 个边区和省以及 8 个加盟共和国里都有了实验班。

由于教师是按自愿原则参加实验室的工作的，所以实验工作的广泛展开，说明教师们对实验教学有很大兴趣，说明他们对传统教学法不满。同时，广泛的实验工作在很大程度上有助于研究任务的完成。整个教学和教育过程是在各不相同的条件下进行的，而且差异往往还很大。在这里，教师的业务水平、能力、经验和工作作风也各不相同。班级学生构成的特点也对教学和教育的具体进程有严重影响。学校和家庭生活方面也有一系列其他条件影响着儿童的学习。因此，为了揭示教学的结构与学生的发展进程之间的客观联系的性质，很重要的一点是要研究教学论体系在各种不同条件下的实施情况和效果。

大量教师参加实验，为小学教学实验体系的进一步具体化做出了许多贡献。这里体现了把科学实验跟教师的革新经验有机地结合起来的力量。教师们在自己的日常实践中实施实验体系，就在检验并丰富这一体系，带来自己的独特的工作方法，提出改进教学大纲和教学法的建议。

在上述工作中，教师进修学院起了很大作用。这些学院的工作人员熟悉地方情况，帮助广泛地推行实验体系。他们观察教学和教育过程，观察学生的发展情况。他们还主持测验并对测验作业进行分析，这样就掌握了客观的材料，有利于发扬已有成绩，改正错误，克服缺点。同时，这也积累了实际材料，这些材料能说明学生的发展和掌握知识的情况，是整个研究所必需的。

遵照实验体系开展的广泛的实验工作，有助于实验室根据新体系的原则和实验教学大纲编写教科书。现在已进入建立小学实验教学体系的下一个阶段。我们编写和出版了一年级①和二年级的实验教科书。1965—1966 学年，有 3000 名一年级学生使用实验教科书进行学习。1966—1967 学年，则有同样数量的二年级学生使用实验教科书。我们又出版了三年级的教科书，这些教科书正在 1967—1968 学年里试用。

由于经历了前几个阶段，才使成百上千名教师广泛地参加实验工作、编写教科书和教学法参考书成为可能。研究的第一阶段具有特殊的意义。虽然研究的理论前提、任务和方法，以及建立教学新途径的原理都是在一个实验班的工作开始以前确定的，但在这个班里的工作仍是整个研究继续进行过程中极其重要的一环。如果实验一下子在大量班级里铺开，那就难免要犯错误。具有决定意义的是，在研究的第一阶段，在一个班的实际教学和教育工作过程中，对每一个教学日都预先进行周密的思考，事后进行认真的分析。同时，在四年时间里（从一年级到四年级），既对整个的班集体，也对每一个学生的个人特点，进行了详细而多方面的分析。

* * * *

实验体系的中心思想是：教学要在学生的**一般发展**方面达到尽可能比较

---

① 罗玛诺夫斯卡娅、罗玛诺夫斯基：《生动的语言（一年级阅读课本）》，莫斯科，教育出版社，1965 年版；波利亚科娃：《俄语（一年级教科书）》，莫斯科，教育出版社，1965 年版；赞科夫：《数学教科书（一年级）》，莫斯科，教育出版社，1965 年版。

大的效果。从这一思想直接过渡到制定各科教学大纲、教科书和教学法是不可能的。如果试图实现这样的直接过渡，势必造成教材内容、教学方法和各门学科的教学法结构等的无序性和分散性，而这些失误对于建立体系势必成为不可克服的障碍。

在实验体系中，**教学论原则**是为保证该体系各个局部和各个成分之间的统一和协调服务的。下面我们简单地谈谈这些教学论原则。

以高难度进行教学的原则的特征，并不在于提高"平均的难度标准"，而是首先在于展开儿童的精神力量，使这种力量有活动的余地，并给以引导。在这里，问题并不在于像教学论里谈到逐步提高难度时所说的那样，简单地要求学生做"智力上的某种努力"[①]。 以高难度进行教学的原则，指的不是任意的一种难度，而是要能认识所学习的现象的本质，认识现象之间的联系和相互依赖性，使学生真正地掌握文学和艺术财富的那种难度。这是从学生的学习活动的对象方面来说明该原则的特征。

同时，该原则包含学生在掌握教材时的心理活动过程的特点。这里所发生的不仅仅是现有知识的增加和它们的联合。有重大意义的是：掌握一定的知识，将既成为保留在学生身上的一种所有物的本身，同时又成为行将在认识过程的继续进行中被消灭的阶段，以便保证过渡到一个更高的阶段。

让我们以俄语教学的个别问题为例来加以说明。我们在三年级的教学大纲里列出一个课题："名词（形容词）各格的含义、某些基本含义"。这对三年级学生来说是高水平的难度，但是这样学习语法有助于在学生的思维发展上取得重大的进步。

学生在学习这个课题之前，曾学过名词的第一、第二和第三变格法。让学生认识属于不同变格类型但属于同一格的名词词尾，是一种用语言材料形成思维的分化过程的很好的训练。儿童根据一定的变格类型的归属来区分词尾。

这时儿童的思考就转到了另一个方面：他们应当对变格类型的区别进行

---

① 译文参照达尼洛夫、叶希波夫编著：《教学论》，北京，人民教育出版社，1961年版，第228-229页。

抽象，同时以概括的形式去思考每种格的含义。例如，附加于动词的不带前置词的第五格，具有行为借以进行的手段或工具这一基本的含义，即该格最典型的含义（строгать рубанком**—用刨子**刨，рисовать карандашом**—用铅笔画**，писать чернилами**—用墨水笔**写，等等）。这一概括与原先形成的概括相冲突：原先是按照一定的变格类型的归属来联合语法现象的，现在它们的联合却与变格类型无关。

在这里，问题不仅在于形成"格的含义"这一概念。十分重要的是，学生思维中原先产生的多种获得物（завоевания）在这一概念中得到了表现。这是由思维的低级形式向高级形式的过渡，但是这种过渡不是一个顺利的、平静的过程，而是一个复杂的、矛盾的过程。

在以高难度进行教学的同时，要遵守难度的分寸。

难度的分寸不是绝对的，而是具有相对性。难度的分寸可以在高难度的教学中使用，也可以在低难度的教学中使用。在这两种情况下，分寸是不同的，因为它取决于难度的水平。因此，对于掌握知识和技巧的要求的限制，将具有不同的职能。

按照我们的理解，难度的分寸绝不是要降低难度，而是合理地运用以高难度进行教学这一原则的必要因素。具体地说，这一原则的效果如何，取决于实施这一原则时所提供的教材是否能被学生理解。如果不掌握难度的分寸，那么儿童由于不能理解所提供的教材，就会不由自主地走上机械记忆的道路。那样一来，高难度反而从一种正面的因素变成反面的因素了。

难度的分寸具体体现在教学大纲、教科书、教学方法和教学方式里。它在日常教学工作中的实施，还取决于教师要随时留意儿童掌握知识和技巧方面的进步，并且经常检查掌握的结果。在检查中，主要的并不在于用分数对知识和技巧进行数量的评定，而是要有区别地、尽可能准确地判定该班各类学生的掌握质量和特点。

了解学生掌握知识和技巧的进程是使难度分寸具体化所必需的补充材料，难度分寸的具体化既要针对全班的情况，又要针对个别学生的情况，要符合掌握教材的个人特点。

与高难度教学原则有机地联系的另一原则是在学习大纲教材时**高速度**前

进的原则。这意味着要不断地以始终是新的的知识丰富学生的头脑，不要原地踏步，不要单调地重复已经学过的东西。不应当把这一原则同教学工作中的匆忙行事混为一谈。我们的观点是反对在学生完成作业的数量上追求"创纪录"。完全没有必要让儿童在一节课上解答尽量多的习题，完成尽量多的练习，等等。快速前进绝不意味着在课堂上匆忙做事，必须使教师和儿童都沉着地工作。教师不应吝惜时间，要仔细地听完儿童的话：听他讲述想要交谈的观察结果和印象，听他提出应予回答的疑点和问题。也不要吝惜时间跟儿童进行倾心的交谈。这种工作作风，正如实验班教师的经验所证明的，是会带来良好效果的。

这一原则要求不断地前进。不断地以多方面的内容来丰富学生的智慧，能为学生更深刻地理解所获得的知识创造有利的条件，使知识被纳入一个广泛展开的体系。

由于在同一个班里有所谓优等生和差等生（学习落后的学生），有学习速度不同的学生，所以我们在实验教学中规定要解决这方面的教育任务。我们认为最重要的要求之一，就是要积极而系统地在全体学生（包括最差的学生）的发展上下功夫。实验教学的多年经验证明，教师能够顺利地实现这一要求，并取得良好的结果。由于差等生也在发展上经过了一段极为重要的路程，他们身上就出现了越来越大的掌握教材的可能性。这一点是极其重要的，因为差等生特别需要人们坚持不懈地、目标明确地在他们的发展上下功夫。

当然，学生之间无论在发展上还是在掌握知识上的差异，不但现在有，将来还会有。在我们的实验班里也有这类差异，尽管这些差异与普通班里的相比，显然是根本不同的。在实验教学体系中，能够使全班所有学生都快速前进的一个有效手段，就是采用区别对待的教学法。我们在很久以前，在我们的实验刚开始的时候，就采取了这条途径。区别对待的教学法有好几个方面，但也许最本质的一点就是：对于教学大纲中的同一些问题，不同的学生可按不同的深度来学习。这样一来，全班学生，包括最差的学生在内，就都能快速地前进了。

新体系的下一个教学论原则是在小学教学中**理论知识起主导作用**的原

则。这一原则要求把教学的认识方面提到首要地位，这不仅是促进学生发展的强大手段，也是切实掌握技能和技巧的可靠基础。

有些人害怕将理论知识加以广泛展开，他们通常援引心理学关于学龄初期儿童思维的具体性的资料作为依据。但是关于小学生思维的具体性的论断是不正确的，心理学家们的说法不能作为理由，因为现代心理科学没有为此提供论据。

严格地说，以具有直观形象为特征的表象是具体的（从心理学的意义上说）。表象可能包含某些概括的因素。但是概括，就其真正的和展开的形式来说，则是在概念中表现出来的。在这里，概括的实现是与客体的某些方面的抽象密切联系的。

心理学家们（科斯丘克、库德莉娅夫采娃、纳塔泽、普拉伊斯曼、鲁勃佐娃、恰马塔等人）的研究表明，在小学生那里，以词语形式为外壳的抽象和概括，既表现为新概念的形成，又表现为对不太熟悉的客体的概括性认识，还表现为对文艺作品中人物的道德品质的理解。虽然如此，我们也决不否认直观形象在学龄初期儿童的思维中的巨大作用。但是，我们不能承认直观形象的表象是学龄初期儿童思维中的主导因素。在抽象和概括方面的进步，才是儿童在学龄初期思维上发生变化的特征。

有一种学说认为，学龄初期儿童的思维发展，是以词语的抽象和概括逐渐增加的形式表现出来的，但这种学说已经陈旧过时了。维果茨基根据对学龄期的概念的研究早已指出过：概念的形成是通过各种途径进行的，其中包括由抽象到具体的途径[①]。这一原理已为后来的研究所证实。

从上述观点可以得出结论：心理科学为肯定理论知识在小学教学中的主导作用的原则提供了依据。

现在谈谈这一原则的个别方面。儿童掌握术语就是最重要的方面之一。不能把掌握术语看作简单地记诵一些词。掌握科学术语是正确地概括的重要条件，因而也是形成概念的重要条件。

---

① 维果茨基：《思维与语言》，载《心理学研究选集》，莫斯科，俄罗斯联邦教育科学院出版社，1956 年版。

心理学的研究（鲍戈亚夫连斯基、瑞科夫、尼科连科等）证明，对学龄初期儿童来说，从词的实际含义抽象出来而从形式的和语法的观点来看待词，是有很大困难的。但是只要适当地安排教学工作，这些困难是能够顺利地克服的，并且因此可为学生的发展带来很大益处。

我们从一年级起就引进了"名词"、名词的"单数"和"复数"及其他一些术语，这些术语为使学生既从词的实际含义，又从词的语法角度去理解词铺好了道路。

学生掌握术语是在与观察（观察的对象可以是语法现象，也可以是数的关系及算术运算）经常发生的相互作用中进行的。例如，由于学生对各种语言材料进行了观察，并且完成了比较名词的单数与复数、区别名词词尾在句子里的变化等作业，上述的那些语法术语就具有了切实的意义。运用术语能大大扩展学生的眼界，便于他们去理解俄语、数学和其他学科的教材。

实验体系中的理论知识绝不限于术语和定义。掌握各种依存关系和规律（例如，数学课程中的加法交换律和乘法交换律，自然课中的动植物生活的季节变化的规律性，等等）占有更重要的地位。

我们在各门学科中（不仅在俄语、数学和自然课上，而且在地理、劳动教学、图画和音乐课上）都注意提供多方面的理论知识。

肯定理论知识起主导作用的原则，绝不贬低技能和技巧的意义，不贬低使学龄初期儿童形成技能和技巧的意义。这一点我们在以前就曾专门地强调过："当然，我们绝不否认训练学生的正字法技巧、计算技巧及其他技巧的重大意义。"[1]我们的教学大纲、教学法指示和教材，都证明实验教学对技巧是十分重视的。至于形成技巧的途径，确实跟传统教学法不同。在实验教学中，技巧的形成是在充分的一般发展的基础上，在尽可能深刻地理解有关的概念、关系和依存性的基础上实现的。

实验体系的下一个原则是使学生**理解学习过程**的原则。我们在确定和实施这一原则时，自然要从众所周知的自觉性原则出发。

伊凡诺夫认为，学生在教学中的自觉性有以下特点：①意识到教学的目

---

[1]　译文参照赞科夫：《论小学教学》，北京，教育科学出版社，1982 年版，第25页。

的和任务；②自觉地掌握事实材料；③积极地形成概念；④自觉地掌握技巧；⑤自觉地巩固知识、技能和技巧；⑥自觉地把知识、技能和技巧运用于实践；⑦意识到自己工作的结果。①

斯卡特金认为，自觉性以下列因素为其特征：学生对学习抱自觉态度；自觉地掌握和理解所学的东西；自觉地把知识运用于实践。②

洛尔德基帕尼泽强调指出，自觉性首先意味着学生以充分的理解来掌握知识和技巧。③

卡赞斯基强调指出，应当注意的是共产主义的自觉性，是形成辩证唯物主义世界观。这位作者十分重视智力操作，他认为分析、比较、概括、做结论的技能对教学中的自觉性是必不可少的。④

教学论的总结性著作对自觉性原则做了如下阐述："①学生对学习的自觉和积极的态度；②理解所学习的材料，并且能够用语言把它们表达出来；③学生在学习中的创造性；④有意识地在实践中运用知识。"⑤

加涅林给自觉性下了如下定义："我们所理解的自觉性是这样一个教学论原则，借助这一原则来保证牢固地了解事实、定义和规律，深入地思考结论，并能够正确地表述自己的思想和言语，把认识转化为信念以及能够在实践中独立地运用知识。"⑥加涅林认为那些包括在"掌握知识的自觉性过程的总的系统"中的思维操作（区分概念的特征，选出最本质的东西，概括的技能；比较、分析和综合；等等）占有重要的地位。

把上述对于自觉性原则的各种解释加以对比，应当指出它们有一些典型的特征：承认自觉性在教学过程的所有环节中的必要性；强调要理解教材和能够把知识运用于实践；指出了自觉掌握知识的过程中所包含的思维操作。非常重要的是，它们注意到了学生对学习的态度。这样看来，对自觉性原则

---

① 伊凡诺夫：《论教学中的自觉性》，载《苏维埃教育学》1947年第10期。

② 斯卡特金：《论苏联学校的教学原则》，载《苏维埃教育学》1950年第1期。

③ 洛尔德基帕尼泽：《教学的原则、组织和方法》，莫斯科，教育书籍出版社，1957年版。

④ 卡赞斯基：《苏维埃教学论原理、教学过程》，列宁格勒，1947年版。

⑤ 译文参照达尼洛夫、叶希波夫编著：《教学论》，北京，人民教育出版社，1961年版，第209页。

⑥ 加涅林：《教学的自觉性原则》，莫斯科，俄罗斯联邦教育科学院出版社，1961年版，第7页。

的解释并没有局限于智力的范围。然而遗憾的是，这个方面没有得到充分的阐明。

上述自觉性原则的特征，对于正确安排教学是极其重要的。同时，正如我们的研究已经证明的，保证使学生理解学习过程乃是促进他们的发展的重要条件之一，因而这也是实验体系的原则之一。

可以利用小学数学教学中的一个例子来说明这一原则。

例如，在学习乘法表时，如果按照传统教学法来教，那就是采用各种方式来促进学生牢固地记住乘法表。采用这些教学方式，如教学法的作者所说，"能够缩短学习这一章节的期限，排除许多困难"[①]。

我们则是这样安排教学过程的：使学生弄懂教科书的一定编排的根据，了解背熟教科书的某些成分的必要性，知道掌握教科书时发生错误的根源，等等。例如，3 这个数的乘法表是从 $3 \times 3 = 9$ 开始的，我们不是简单地让学生背诵它，而是提出问题："为什么在 3 这个数的乘法表里不需要背诵 3×2 等于几呢？"学生通过对乘法表里的几栏的比较找到了答案："在 2 这个数的乘法表里有一行是 2×3。在 3 这个数的乘法表里没有 3×2 这一行，是因为 $3 \times 2 = 6$ 和 $2 \times 3 = 6$ 是一样的，而 $2 \times 3 = 6$ 这一行在 2 这个数的乘法表里已经有了。"[②]

上述原则不仅体现在数学教学的各个章节里，而且也体现在其他学科中。例如，当儿童学习正字法规则时，由于这些规则近似（比如词形变化时遇到的正字法规则跟选择"同族词"时遇到的正字法规则就很近似），往往会发生混淆。在实验教学中，我们向儿童解释说，在上述情况下应当看得特别仔细，因为有些规则相互之间很近似，容易混淆。由此可见，掌握知识和技巧的过程，就在一定程度上成为学生要理解的对象。

所要掌握的知识之间是怎样联系的，掌握正字法或计算操作有哪些不同的方面，错误的产生及其预防的机制如何，这些与其他许多有关掌握知识和技巧过程的问题，都是学生要密切注意的对象。

---

① 普乔柯主编：《小学数学教学法原理》，莫斯科，教育出版社，1965 年版，第 233 页。
② 赞科夫：《数学教科书（一年级）》，莫斯科，教育出版社，1965 年版。

在劳动课上，使学生理解学习过程的原则表现在：学生在计划某一物品的制作过程时，要理解各种必要操作的顺序及其内部联系，理解必要操作与指定要做的物品的关系以及在工作过程中仔细进行自我检查的必要性。

现在谈谈在小学实验教学体系中占有特殊地位的另一条原则。这条原则要求教师进行目标明确的和系统的工作，使班上的**所有**学生（包括**最差的**学生）都得到发展。

这一原则有着特别重要的作用，因为在学校里，正是对于差等生，人们总是把倾盆大雨式的俄语和算术的训练性练习压到他们身上。这种措施在传统教学法里被认为是克服差等生学业落后状况所必不可少的。然而，学习落后的学生，不是较少地，而显然是比其他学生更多地需要在他们的发展上系统地下功夫。我们的经验证明，这种工作能使差等生在发展上取得很大进步，从而也就使他们在掌握知识和技巧方面获得较好的成绩。相反，许多训练性的作业使得差等生负担过重，不仅不能促进这些儿童的发展，反而只能加重他们的落后状态。

这里所谈的这条原则，也有其方法论的依据。苏维埃国家真正的社会主义人道主义的崇高理想，要求对所有的人，而不仅是对优选出来的人，给予最大限度的教养和发展。

这一要求也适用于苏联学校。因此，应当注意适当地安排教学和教育工作，使全体学生包括最差的学生都达到尽可能高的发展水平。

实验体系的各项原则，体现在变动后的小学教学内容中，体现在教学和教育方法以及各门学科的教学法结构中。实验体系包括整个小学教学，而不是只涉及个别学科或部分教学。构成这一体系的基础的，不是某些孤立分散的原理，而是有机地相互联系的各项原则。

＊　　　＊　　　＊　　　＊

关于实验教学体系的诸原则，艾利康宁提出了他的某些推测和论断。例如，这位作者写道："难度的要求可以用于教学过程的各个方面……"艾利康宁假定把这一要求用于进行练习，他接着写道："如果这样理解高难度的要求，那么这**只能指练习**而言。也许，所谓难度是指要掌握的教材的复杂程度？这样来理解这一要求，倒也是有些根据的。"[1]

艾利康宁就实验体系的其他原则也提出了自己的推测，然后对这些推测发表议论。当然，如果艾利康宁是就教育与发展实验室所发表的著作内容发表自己的见解的（这些著作中论证和具体说明了实验体系的原则），那就显得妥善得多了。我们这里指的是对在小学教学实验体系下和在传统教学法的条件下学生的发展和掌握知识的情况进行的比较研究，以及教育与发展实验室所编写的小学教学大纲、教科书和供教师用的教学法参考书等。

艾利康宁的设想和他对这些设想的回答是有一定的目的的，它们都是为了证实艾利康宁的这样一个提法，即：解决了所要掌握的知识的内容问题，"就为解决其余的问题，包括与积极促进智力发展、形成学习的认识动机等有关的问题打下了基础"[2]。

例如，关于上述第一种设想，艾利康宁写道："由此可见，难度的分寸即理解的可能性的分寸，也是与知识内容问题有关的……"[3]他接着写道："教材的难度与学习教材的速度如果对于发展也是有意义的，那么也不是有直接的意义，而只是以所学东西的内容为中介的间接意义。因此，连赞科夫也实际上被迫走到这样一步，即正是所掌握的知识的内容决定着智力发展。"[4]

艾利康宁在提出教养内容对于学生的智力发展起着决定性的和奠基性的作用这一主张时，试图以维果茨基的著作作为依据。

艾利康宁写道："维果茨基的见解的独到之处，就在于他不是提出教学的发展性作用的一般原理，而是看到了这种作用的源泉在于所掌握的知识的**内容**，在于掌握科学概念而不是掌握经验概念，而要掌握科学概念就要求采取**特殊的教学形式**。"[5]

---

① 艾利康宁：《学龄初期儿童的智力可能性与教学内容》，载《掌握知识的年龄可能性》，莫斯科，教育出版社，1966 年版，第 44 页。

② 同上书，第 43 页。

③ 同上书，第 44 页。

④ 同上书，第 45 页。

⑤ 艾利康宁、达维多夫主编：《掌握知识的年龄可能性》，莫斯科，教育出版社，1966 年版，第 37 页。

　　但是，维果茨基其实从未提出过关于所掌握的知识的内容是教学的发展性作用的源泉这个原理。而艾利康宁用了什么样的方法，对维果茨基的思想做了如此随意的解释呢？从上面的引文可以看出，他是在学校知识内容与掌握科学概念之间画了等号。这样的做法是很不妥当的。

　　当维果茨基写到"意识（осознание）穿过科学概念的大门而到来"这句话时，他指的只是这些概念的**一个**固定的方面，即指学生要**在体系中**掌握这些概念。维果茨基把科学概念同自生概念对立起来，他谈到后一种概念时写道："由此可见，**概念的自生性和非意识性，与自生性和无体系性都是同义语。**"①因此，维果茨基认为，对于形成有意识性，也就是对于智力发展，起决定性作用的**不是掌握知识本身**，而是"与体系一起产生了概念对概念的关系"。

　　维果茨基在谈到对生活概念（或称自生概念）和科学概念的比较研究的根本缺点时写道："关于儿童思维的结构（如皮亚杰所描述的那样）与生活概念本身所具有的基本特征（无体系性和不随意性）的联系问题，以及关于从中产生的概念体系里发展有意识性和随意性的问题（这是学生的全部智力发展的中心问题），这两个问题不仅没有通过实验得到解决，而且没有被提出来作为应当在实验中加以解决的一项任务。之所以产生这种情况，是因为这两个问题要得到稍许完满的探讨，都必须进行特殊的研究。"②

　　维果茨基根本没有认为对科学概念的研究就是在解决教学与发展的问题。他谈到过非自生概念，因而他把科学概念看作非自生概念的一种。这从下面的引文中可以看得很清楚："实质上，**非自生概念——其中包括科学概念——的问题乃是教学与发展的问题……**"③维果茨基所指出的教学与发展的关系，在他看来是工作的假设，而不是问题的解决。

　　从以上所引的维果茨基的言论可以看出，他的学术著作并没有给这样的论断提供依据，这种论断把教养的内容说成是在学生的智力发展中起决定性

①　维果茨基：《思维与语言》，载《心理学研究选集》，莫斯科，俄罗斯联邦教育科学院出版社，1956 年版，第 312 页。
②　同上书，第 318 页。
③　同上书，第 251 页。

作用的，而且实际上起唯一积极的作用的东西。

教学论专家们和心理学家们的下列论断还是有用的，即在学生的发展中，不仅教养内容，而且教学方法和教育的性质都起着独立的积极作用。[①]

学生在实验教学条件下的发展

研究学生的发展对教学和教育工作的结构的依从性，其重要意义是难以估量的。没有可靠的科学事实，对教学和发展的研究就不可能有新的进展。虽然教学论著作中过去和现在对所谓发展性教学谈得很多，但是并没有实际材料足以说明学生的发展在一定的教学体系下是怎样实际进行的。

心理学的著作中，对于学生的知觉、记忆、思维及其他心理过程的研究（任琴柯、列昂节夫、鲁宾斯坦、斯米尔诺夫等人），都是在与学校教学过程并无联系的情况下进行的。这些研究本身是很有价值的，但是它们没有包含有助于揭示教学结构与学生发展进程之间的客观联系的材料。教学论和心理学上的这种状况，没有为学校在儿童的发展方面开展工作提供科学的依据。

鉴于这一课题的上述状况，我们向自己提出的任务是：要用多方面的事实材料来查明，学生心理活动的发展在一定的教学体系下究竟是怎样实际地进行的。我们意识到，深入而细致地研究学生掌握知识和技巧的情况，并且首先研究这种掌握的质的特点，乃是认识学生的发展的重要前提。

在我们的研究体系中，对知识和技巧的研究占有重要地位。为了揭示教学与发展的真正联系，需要尽可能确切地弄清楚：学生究竟掌握了哪些知识，以及他们是怎样掌握这些知识的。因为学生的智力发展，首先而且主要是在掌握学校规定的知识和技巧的过程中进行的。因此，要揭示教学作用于学生的发展所遵循的规律，除了透彻研究**学习过程**是别无他法的。但是，我们这样做，绝不是要把智力发展与学习的结果等同起来。

追踪研究掌握知识和技巧的情况是十分重要的，因为这样做可以查明学

---

① 译文参照达尼洛夫、叶希波夫编著：《教学论》，北京，人民教育出版社，1961 年版；科斯丘克：《论教育与儿童发展的相互关系》，载《苏维埃教育学》1956 年第 12 期。

校规定的教学大纲究竟给了学生哪些东西。同时，我们可以发现掌握知识和技巧与学生心理活动的发展之间的**相互关系**。如果考虑到前述的作为我们的出发点的那些方法论原理，那么这一任务的重要性是不可估量的。因为我们深信，发展与学习是有机地联系着的，然而发展绝对**不等同**于学习的结果。只有拥有了既能反映掌握知识的情况又能反映学生发展的情况的事实材料，才能既揭示这两者之间的区别，同时又阐明它们的联系。

从上面所引的原理可以清楚地看出，对于学生在一定教学条件下的发展进程进行**直接的**研究是完全必要的。只有这一类事实，才能首先而且主要地反映出学生心理活动发展的实际过程。

在完成这一任务时，不能忽略儿童个性的整体。在课堂上和学校生活其他时间里对学生的观察，在家庭里对学生的观察等，是完整地说明学生及其发展特征的材料。

尽管这一类事实材料有着重要的意义，但它毕竟还是不够的。从实验中取得的事实能以尽可能高的**准确性**反映出心理活动的个别形式的发展情况。在这方面，我们研究了**观察活动、思维和实际操作**。

按照这几条线索对发展进行研究，有可能以高度的准确性查明一定结构的教学过程的结果，并同时对学生的发展进行详细的质量分析。

我们认为必须研究**观察活动**的发展情况，这是因为在这一活动中，基本的和决定性的因素是**知觉**。

知觉过程对各种事物及其各个部分实现着思想上的分析和综合。分析和综合的性质及它们之间的相互关系，是根据被感知的对象的特点、向被试提出的任务和其他条件而有所不同的。这在研究知觉（知觉的客体在复杂程度和结构等方面各不相同）的许多著作中都指出过（见阿尔捷莫夫、鲍罗杜琳娜、加尔金娜、莉普金娜、娅科夫列娃等的著作）。我们是这样来安排对观察活动的研究的，即把分析被感知的客体置于首要地位，并且根据这一点来考察所取得的事实。

在实验中，我们并不以一定的观察意向（例如，要求区分出形状、颜色、大小等）来限制学生。我们统计了这样一些研究的结果，在这些研究中所考察的是儿童发觉的颜色、形状及其他属性的比值。但是，为了尽可能完满和精确地查明观察活动在一定的教学条件下的变化情况，则应当让学生自由地去完成向他们提出的一般任务——仔细地察看客体并说出客体外表的特征。

我们估计到，观察活动在不同学生身上的进行情况是不相同的。比艾和斯腾的早已众所周知的著作，就已指出过在儿童知觉和观察过程中所显示出来的类型差异。

但是，差异不仅存在于知觉和观察的类型方面。在完成有关任务的水平方面也有差异。例如，基列延科研究了把一些对象作为一个整体来感知的能力。他发现，当短时呈现被感知的客体时，儿童之间有很大的个别差异。

我们现阶段的研究没有把注意力放在这种或那种差异上，这些差异是以后进行专门分析的对象。我们首先研究的是因教学结构不同而出现的那些变化。要了解整个班级的变化，其基础是查明几组学生的观察活动的特点。

我们研究观察活动，还因为观察是一种**复杂的**活动（安纳尼耶夫语），它在教学过程中是经常遇到的。作为观察的主要组成因素的知觉，在这里是与思维有机地联系着的。

观察中包含着形式独特的思维。这些思维过程直接依靠着对于实际事物的感性认识，它们只是对感性经验材料的初步的分析和综合（叫出颜色、形状和其他属性的名称，确定直接感知的事物的各个部分和属性的异同，等等）。考虑到这种情况，我们决定将抽象思维作为研究发展的第二条线索，因为正是通过抽象思维才能更接近、更深入地认识客观活动的诸现象的本质。

抽象思维的种类是很多的。但是任何一种抽象思维都有这样的特征，即主要的不是去认识客体的直接被感知的特点，而是深入到客体的本质中去，深入到它们的联系和关系中去，而这些联系和关系是可以通过从事物和过程的具体的多方面性中**抽象出来**的途径加以揭示的。

我们在研究学生的思维时，没有采用那些只让被试对语言材料进行操作的方法。为了达到我们的科研目的，更为适当的是采用这样一种实验方法来研究思维，这种方法能使我们最大限度地从外部监测思维过程的进行情况。当以实物作为被试展开思维活动的材料时，就能提供这种监测的可能性。萨哈罗夫在研究概念的形成时采用了这一方法①，我们研究了他的方法，并根据其原理提出上述设想。同时，这一方法有利于追踪研究思维过程的一些重要成分（如抽象和概括）的变化情况。

我们的主要注意力，放在思维过程的这样一些特征上，它们在以前曾以某种方式被指出过，而在苏联的心理科学中是被特别有力而肯定地强调的。我们这里指的是从一定的**角度**来考察客体，而最主要的是根据提出的任务、客体的特点及其他条件而**变换**考察的角度。

例如，在对普通学校学生和辅助学校学生的记忆（即所谓理解记忆）的比较研究中，研究者认为思维过程在理解记忆中起着重要的作用，因而把过程的上述特点作为识记的中心因素提出来。在实验研究中证明：随着被识记的词所处的那个整体结构的特点的不同，该词的含义则发生变化，识记的辅助手段也发生变化。②

我们后来在研究教学与发展问题时又强调指出：学生的思维是按照由二者必居其一（"非此即彼"），向着从各个不同角度来看同一现象而过渡的路线发展的③。

近几年来，鲁宾斯坦根据他指导下的由安齐费罗娃和克林奇克等人进行的研究，在这方面对思维的心理实质做了更清楚的说明。

我们正是根据思维是心理活动的一种特殊形式这一典型特点的线索，对萨哈罗夫的方法做了某些改动。当年对维果茨基和萨哈罗夫来说，这一方法适用于研究概念的形成（首先是研究词在该过程中的作用）的任务。我们的研究对萨哈罗夫的方法做了某些改动，其目的是要查明：学生是怎样从一定的角度来看所呈现的事物的，以及他们在必要时是如何改变看事物的角度的。同时，我们认为很重要的一点是要查清：学生在把一些客体分组时是怎样同时考虑到看问题的好几个角度的，以及在对一系列客体进行分析的过程中能否将这一看问题的方法保持到底。

---

① 这一方法将在下面予以介绍，参见本书第33—34页。

② 维果茨基、达纽舍夫斯基主编：《心理学研究（第1辑）》，莫斯科，教育书籍出版社，1935年版。

③ 赞科夫：《论学龄初期儿童在教学过程中的发展》，载《初等学校》1958年第7期。

由此可见，在我们借助上述方法所研究的思维活动中，既有分析和综合，也有抽象和概括，但是它们都从属于从一定的角度来考察所呈现的事物。

我们选取**实际操作**①作为研究学生心理发展的第三条线索。我们把实际操作列为研究的对象，是因为在实际操作中可以追踪研究学生的一种特殊活动形式——创造某种物质客体的活动。与观察和思维不同，实际操作的特殊的和有决定性的因素是动手的操作。

上述三条线索——感性经验、认识现象的实质、解决对周围事物施以物质性作用的实际任务，这些都属于一般发展的最重要的内容。

我们选择心理活动发展的上述线索作为研究的对象，不仅注意到三条线索的区别，而且注意到它们的**联系**和相互渗透。我们已经谈到，在观察的构成中有思维的因素，这就把观察跟研究的第二条线索联系起来了。

为了研究抽象思维，我们选用了这样的方法，借助该方法可以追踪研究学生在感知物质对象的属性时思维活动的进行情况。最后，知觉和思维也作为重要的因素包含在实际操作的构成中。

我们在这样组织对学生心理活动的发展的研究时，不仅注意到分析方法，而且注意到综合方法。在按照个别线索研究心理的发展时，我们绝不忽略儿童个性的整体。我们的科研这样来研究个性的个别方面，即研究这些个别方面的相互渗透关系，这乃是研究个性整体发展的有利条件。

在按照上述三条线索研究心理活动的发展时，我们还借助了实验心理学的方法和普通的观察法。我们在个别实验中提出的作业题，跟全体学生在课堂上完成的作业是有区别的，其区别的程度并不完全相同。例如，观察事物的作业和制作物品的作业，与旨在研究抽象思维的作业相比，就比较接近于普通的学校情景。但是，所有这三种作业，无论就材料来说，还是就所完成的操作的性质来说，都在根本上区别于学生的学习活动。

根据我们的研究目的，我们认为，在对发展进行的研究中，把实验班的

---

① 这一名称在我们这里是作为工作术语使用的，我们并不认为它是说明这种现象的最恰当的术语。

学生和普通班（我们的对照班）的学生进行对比，应当占有重要的地位。对比是揭示教学与发展的真实的相互关系的重要途径之一。

＊　　＊　　＊　　＊

实施小学教学的实验体系在一、二年级学生的一般发展方面所取得的**成效**，已经在教育与发展实验室发表的著作中做过阐述，因此这里只做简略的介绍。

在上述三条线索（观察活动、思维和实际操作）方面已经查明：学生在刚入学时处于何种发展阶段，而在经过两年学习以后又处于何种发展阶段。事实证明，在两年教学期间，实验班学生在发展方面比普通班学生有**突出的进步**。

所获得的事实也回答了另一个重要问题，即：小学教学的实验体系是否能够促进学生的各种心理活动形式的发展？因为，一定的教学结构可能在某一条线索上（例如，对于发展思维）显示出一定的成效，但是在其他方面（例如，对于发展观察力）却收效甚微。十分重要的事实是，在实验班学生身上，发现在所研究的**所有三条线索**（观察活动、思维、实际操作）方面都有很大的发展。由此可以证明，实验教学论体系具有**多方面的**效果，它在学生的一般发展上是起作用的。应当强调指出，采用这一体系后，在**全体**学生（包括最优的和最差的学生）的发展上都取得了很好的效果。同时，并没有出现发展的平均化的现象，也没有使发展归结为一套刻板公式。[①]

在一、二年级曾接受过追踪研究的那些学生到了三、四年级，我们继续按上述三条线索对他们的心理活动的发展进行了研究。下面让我们谈谈观察力的发展情况（托夫平涅茨的研究）。

在三、四年级，不仅在观察以前观察过的客体时，而且在观察复杂得多的客体（例如，风景画和"迷乱的"物体图形——一种图形覆盖另一种图形）时，我们都发现学生对客体的观察比较完整，分析比较细微。引人注意的是，学生在区分风景画的细节时，能够深入地表述它们的空间关系、典型

---

① 参见赞科夫主编：《学生在教学过程中的发展（1—2年级）》，莫斯科，俄罗斯联邦教育科学院出版社，1963年版；《学龄初期儿童的掌握知识和发展》，莫斯科，教育出版社，1965年版。

特点和"动态"（例如，学生说："陡岸明显地凸出着，凸出得很厉害。河岸是层状的。一部分石头和一块块绿荫映在水里""河岸上有很多植物。草已经发黄。陡岸的凸出部全是石头，但在石头上长着青苔"）。实验班学生的观察活动的这些特征，与普通班学生低级形式的观察活动相比，显得非常突出。

以前我们在第二学年末对实验班学生的观察活动所进行的研究中，发现了一个重要的事实：一些学生在指出鸟的身体各个部分的颜色属性时，还能同时对客体的颜色做出概括性的说明（"鸟的羽毛有各种不同的颜色""这只鸟有三种颜色和一种色调：灰色、白色和黑色，还有深灰的色调"）。但是做出这种概括性说明的都是一些优等生。因此，这只能说是在观察活动的发展中表现出来的某种倾向。

如果说在第二学年发现的个别学生能对客体属性做出概括性的说明，还只是这些儿童的个别的（或类型的）特点，那么，尽管这种特点对于研究发展过程当然也是有一定意义的，但是它毕竟还没有起到足以进一步揭示发展的内部源泉的基本事实的作用。因此很重要的一点是要继续研究：在实验班二年级时刚刚发现的这种倾向，在后来是否得到展开。

到了第四学年，对客体属性做出概括性的说明，已经成为实验班学生观察活动的**本质特征**，而不再是只有优等生才能做到的了。这就是说，我们所指出的观察活动的这一特点，确实是属于实验班学生的发展的典型特征。

一个值得注意的事实是：这些学生已经不仅限于对客体属性做出概括性的说明，而且能对客体进行非常细致的分析。在心理学中广为流传的一种观点认为，儿童的观察要经历几个阶段——从区分出个别的因素，再到把这些因素联系起来，并加以解说。如果接受这种观点，就会使人以为随着向概括性说明的过渡，分析活动势必会消失或者至少是被削弱。实际上这种情况是不存在的。只是这时的分析已经具有完全不同的性质，在这时的分析中，学生不仅在确定所发觉的质的程度，而且在确定所观察到的特点是在加强还是在减弱，质的状态本身是否在发生变化，甚至发展为它的矛盾面（例如，儿童发觉：边岸离图画的前景越远而其倾斜度**逐渐增加**；他们说，图画中这一部分水的颜色比另一部分显得**深些**；草已经**发黄**；河岸的凸出部全是石头，但在石头上长着青苔）。

由此可见，实验班学生的观察的**多方面性**，比普通班学生发展到了**更高的阶段**。这并不仅是因为在观察活动中出现了上述那些新的特征，而且也是因为在观察活动中广泛地使用了比较，而比较是有助于更忠实、更准确地判定客体某一特点的性质的。

实验班学生能发觉所观察到的特点对于画面上描绘的其他客体的依存性（例如，海水的色调对天空亮度的依存性），同时还能广泛地使用比较。还有一个突出的特点，就是学生力图在观察过程中进行推理和做出结论。应当特别强调指出，学生进行推理和做出结论，是以观察指定的客体的具体属性为依据的。而普通班学生很少这样做，即使他们偶尔试图做出某些推理和结论，这些推理和结论也都是外加的，例如，学生只不过是随便回忆起一些关于鸟的知识，而这些知识跟他所看的鸟是完全没有联系的。

兹维列娃在一、二年级对思维的发展所进行的研究（使用经过改动的萨哈罗夫的方法），在三、四年级仍用同一方法继续进行。研究的方法如下。

向学生出示一些几何体：一些圆柱体和一些多面体。多面体包括三面棱柱体、六面棱柱体、截面三角锥体、正方棱柱体。这些圆柱体和多面体都有高的和低的。所有几何体除底部外都均匀地分别涂上红色、蓝色、白色、黄色和绿色。这样，形体的颜色、形状、大小就有区别。这些区别很明显，因而容易被发觉。

按照实验者的意图，所有几何体可被分为四组。每一组几何体有一个假设的名称。例如，所有低的多面体（8个）被称为"甲"，高的多面体（7个）被称为"乙"，低的圆柱体（3个）被称为"丙"，高的圆柱体（3个）被称为"丁"。由此可见，把几何体分组的根据是两个标志——形状和高低[①]。

把所有几何体无秩序地放在学生面前，几何体的名称粘贴在底部，使学生看不见这些名称。这项作业的实质是让儿童猜出几何体分组所依据的原则。

---

① 译文参照赞科夫：《教学与发展》，北京，文化教育出版社，1980年版，第170页。

给学生的指示是："你的面前摆着各种几何体。每一个几何体都有自己的名称，但属于同一个名称的有好几个几何体。例如，这个几何体的名称叫'甲'（把一个低的六面棱柱体翻过来，看到其名称'甲'）。你应当把你认为可以叫作'甲'的其他几何体都挑选出来。不要匆忙，先仔细地看一看、想一想，哪一些几何体可以归入甲组（其他三组几何体的名称暂不告诉学生）。"

如果学生正确地挑出一个几何体，就让他把这个几何体放在他愿意放的地方。如挑选错了，实验人员让学生看一下几何体名称，再把几何体放回原处。

在完成作业的过程中，学生应当做口头汇报：他为什么认为某一几何体叫作"甲"，或者为什么不能归入"甲"。如果学生完满地做完了挑选甲组的作业，则应当加以说明，为什么所有挑出来的几何体都叫作"甲"。

然后，从假设称为"乙"的几何体中拿一个给学生看（一个高的多面体）。第三组的做法依此类推。如果学生把四组几何体都分出来了，他应当回答这样的问题：所有这些几何体是按照哪几个标志分成四组的。

完成作业的时间不能超过 20 分钟。

下面谈谈儿童完成这道要根据两个特征的共同性挑选几何体的作业所取得的一般结果（百分比）。

完成上述作业包含着这样一些思维成分：抽象、概括，但就我们的目的来说，按一定的角度察看许多客体以及改变察看的角度，才是最主要的。因此，是否能解决这项任务以及解决的进程如何，都是足以说明思维的发展情况的。

三年级**实验班**的全体学生都根据两个特征的共同性完成了作业，其中20%的学生无须实验人员纠正就立即完成了作业；35%的学生经过纠正完成了作业，但无错误；45%的学生有一些个别的错误。

在三年级**普通班**里的情况就完全不同。全班没有一名学生无须纠正就能立即完成作业。这个班的学生中，谁也没有完全正确地完成作业。只有 40%的学生最终完成了作业，但都有一些错误。

在**四年级普通班**的学生中，谁都不能无须实验人员的纠正和毫无错误地完成作业。该班有63%的学生完成了作业，但都得到过实验人员的纠正，而且都有一些错误，37%的学生即使经实验人员的纠正也仍不能完成作业。

下面让我们对实验班和普通班的差等生与优等生做这项作业的情况做一比较（这两类学生是根据对他们进行的至少两年的观察，并且根据学习成绩的资料而确定的）。这种比较很重要，因为这就有可能分别地考查学生思维的发展进程，这也是查明实验体系的教学论原则，尤其是对于要求有目的有步骤地在全班学生（包括差等生）的发展上下功夫这一原则的效果的补充手段。

先从**差等生**开始比较。

实验班学生米佳在第一学年做这项作业时显得水平很低，在经多次尝试并经实验人员多次纠正之后，他还是猜不到做作业的要领。在第二学年末，在以同一方法做追踪研究时，米佳仍是困难重重，但总算克服了他在一年级初期不能克服的那些障碍。例如，他正确地挑选了几何体。此外，米佳说出了挑选的理由，但只说了一个特征："因为它们都是低的。"（米佳没有把"形状"这一特征算作理由，尽管事实上他也遵循了这个特征。）

普通班学生加丽亚在第一学年不会做上述挑选几何体的作业。在第二学年末，尽管加丽亚用了很长时间来做这项作业，并且得到实验人员的多次纠正，但是她仍不能正确地挑选几何体。加丽亚仍停留在一年半以前的那种水平上。

在实验班和普通班的其他差等生身上也有这类差异。一般被认为是差等生的那些学生，在按实验体系进行教学的条件下，在发展上都有很大进步，而在按传统教学法进行教学的条件下，他们都没有发生重大的变化。这一结论不仅适用于我们进行的思维研究，而且也适用于观察活动和实际操作的研究。

现在谈谈另一个问题：**优等生**的情形如何？在**实验班**中属于这一类的学生，在第一学年初就会做挑选几何体的作业。但是做的过程是十分曲折的，学生是在实验人员给予大量纠正之后才正确完成作业的。这些学生在正确挑选几何体之后并不能说出挑选的理由，至多能说出一个特征。他们到了第二学年末就有很大进步，不仅能完成挑选几何体的作业，而且能指出两个特征来说明挑选的理由。雅罗斯拉夫的表现最为突出，他一下子就能按一定原则（低的"多面的"几何体）来挑选几何体。当要求按新的样品挑选另一类几何体（例如，高的多面体）时，雅罗斯拉夫一次都无须实验人员的纠正，很快就改变了挑选的依据。雅罗斯拉夫立即能以几何体具有的两个共同特征来说明每一类几何体的挑选情况，此外，他还能说出把几何体分为四类的总原则（按高低和形状这两个特征）。与第一学年初期的情况进行比较，这名学生的水平提高了两级，达到了做这项作业时可能达到的最高水平。

现在再看**普通班**的**优等生**，他们在入学初期就能完成几何体的挑选。阿廖沙在经过多次试选并经实验人员的纠正之后，按出示的样品（白色的低的六面体）挑选出了所有低的"多面的"几何体，但只能说出一个共同特征来说明挑选的依据。在第二学年末，作业完成的情况基本上还是原来的样子。普通班中的其他优等生也跟阿廖沙一样，在发展上并没有达到更高的水平。

总之，对各类小学生的思维发展的分析表明，在按实验体系进行教学的条件下，无论是差等生还是优等生，在发展上都有了很大进步，而普通班里的差等生和优等生，在两年之内都很少得到发展。在观察力和实际操作方面（托夫平涅茨和布德尼茨卡娅的研究）也得到了同样的事实。

在诺沃西比尔斯克市一些学校的实验班和普通班中，对学生的观察力和思维的发展也曾按上述方法做了比较研究。其结果跟托夫平涅茨和兹维列娃的研究结果相似。十分值得注意的是，二年级实验班学生在发展上的进步，不仅优于三年级普通班的学生，而且优于三年级数学班的学生，在这种数学班里，数学从第一学年起就按比普通班里难得多的教学大纲进行教学[1]。

实验班和对照班学生的记忆的发展，也曾经过比较研究。在这方面也明显地显示出实验班学生有很大的优越性（丘特科的研究）[2]。

布德尼茨卡娅在四年级继续进行了她在二、三年级曾经进行过的对**实际操作**的发展的比较研究。跟前些年相比，她这时布置的作业大大提高了做作

---

[1]　克罗托夫：《可喜的结果》，载《国民教育》1966 年第 12 期。
[2]　本书第 83—84 页。

业的要求。儿童要按提供的样品制作过去那样的物品（用厚纸做的方盒子）。但是，这次的物品不同于过去做过的，其区别在于除了要运用某些同样的操作之外，还要运用一些跟过去用过的操作相抵触的操作。

儿童回忆起他们在去年是怎么做小方盒的，但是这次产生了一些障碍。这需要对新样品进行十分仔细的分析，需要将过去的小方盒及其制作方法跟新的样品进行深入的比较。

这项研究证明，实验班学生在实际操作的发展上的成绩大大超过其普通班中的同龄人。突出的进步不仅表现在实验班学生大都能顺利地克服新产生的障碍，而且表现在作业进行过程的质量特点上。

由于必须克服新的操作方法跟旧的方法的混淆，实验班学生的某些自我检查的方式起了很大作用，这些自我检查的方式使他们有可能预料到一些必要操作的应有顺序，或者有可能在制作小方盒的过程中找到合适的操作方法。普通班绝大多数学生的自我检查水平很低，因为他们只有在物品做成之后，在发现自己的操作结果与提供的样品不符合时，才进行自我检查。

个别实验是每一名学生只在实验人员在场的情况下做作业，除了这种通过个别实验进行的研究之外，我们也进行了全班的实验。为了便于实验，我们把全班分成两半，每一半依次完成同一种作业，作业是书面完成的。

兹维列娃用这种办法研究了学生对从属复合句中各种关系的理解情况（综合地研究思维和言语）。给二年级学生每人发一张纸，纸上印有一些待续的句子："我的弟弟感冒了，因为……""我们在体操比赛中没有得到第一名，虽然……"，等等，学生应把每个句子续全。在实验班里，正确完成作业的比例是88%（"因为"）和62%（"虽然"），而在普通班中则分别为48%和14%。续写带有联结词"虽然"的句子的正确答案的数量，有特别明显的差距。这道作业比续写带有联结词"因为"的句子难得多，普通班学生做这道题时，正确答案的数量只达实验班学生的1/4。

克罗托夫在诺沃西比尔斯克采用了一系列书面作业，在学生完成这些作业后，就能对其发展做出判断。这些作业有：用黑板上写着的单词造句；要求机敏地回答问题（例如，"为什么在地上很难拖动一块不大的木板，但很容易滚动一个大的轮子？"）；解答逆运算应用题；写作文；等等。分析这些作业的完成情况证明，实验班学生大大胜过其按照传统教学法的标准进行学习的同龄人，而且往往胜过其高一级的同学（例如，在对二年级实验班与三年级普通班进行比较时）。在做各种作业时，实验班学生的正确答案的数量，比普通班学生多一半至一倍，而错误答案的数量，比普通班少 2/3 至 3/4。[1]

我们通过对学生进行观察所收集到的、能够说明他们的道德和审美情感以及意志品质的材料，也证明实验班学生的发展大大胜过普通班学生。

研究学生的神经动力过程在实验体系条件下的变化，这在我们的教学与发展问题的教育研究中占着重要地位。这种研究除了在说明学生的发展进程方面起了作用之外，还回答了这样一个问题：实验教学对儿童的健康是否会有损害。

在入学之后的两学年期间，我们通过专门的实验方式以及在课堂上和其他活动中系统地观察学生得到了许多结果，让我们简略地谈一些主要的结果。得到的事实证明，实验班学生的神经动力过程在上述期间有了很大改进，例如，明显地改进了神经过程的区分性和可动性，限制了过去泛现的兴奋过程，改进了有扩散性抑制的儿童的抑制过程的集中，等等。[2]

我们得到的这些事实有着很大的意义，因为它们在一定程度上说明了学生在小学教学的实验体系条件下得到发展的生理基础，也说明了知识和技巧的掌握的生理基础。不仅仅是在儿童大脑皮质中形成的暂时联系的牢固性，而且还有这些联系的充分的可动性，都说明大脑的分析综合活动达到了较高水平。

扎伊采娃（国立斯塔夫罗波尔医学院）在斯塔夫罗波尔一些学校的四个一年级班里研究了学生的主要的神经活动状态。其中两个班的教学和教育工作是按照教育与发展实验室的实验体系进行的，另两个班的教学和教育工作则是按传统的教学体系进行的。研究工作是在 1966 年 2 月至 5 月的课前和课后以及学年中期和末期开展的。实验班学生在各种场合都比其普通班中的同龄人更多地表现出兴奋过程的强化倾向。从另一方面看，抑制过程占优势的

---

[1] 克罗托夫：《可喜的结果》，载《国民教育》1966 年第 12 期。

[2] 赞科夫主编：《学生在教学过程中的发展（1—2 年级）》，莫斯科，俄罗斯联邦教育科学院出版社，1963 年版。

儿童所占的百分比，在普通班里比在实验班里大。

在学习日终了和学年末时，在实验班学生身上，抑制的现象显得比其普通班中的同龄人少。在普通班里，抑制过程占优势的儿童，在学年末比在4月份多30%。

对得到的具体材料进行上述生理分析证明，实验教学并没有损害儿童的健康。不但如此，按实验体系进行的教学与传统教学相比，前者能使儿童的主要神经过程处于比较令人满意的相互关系之中。在两个一年级班中，实验班学生的高级神经活动显示出的进步，说明大脑的分析综合活动达到了明显比较高的水平。

我们在前一段研究工作中，曾经用实验心理学和生理学的方法对1300多名小学生的发展进行了研究。我们在莫斯科、加里宁、图拉和诺沃西比尔斯克的一些学校中收集了具体材料。除了实验研究之外，我们还在几年之内的千百堂课上和其他活动中对学生进行了观察。在实验室里对所有这些材料的分析，由教师、学校领导和家长做出的评价，与通过个别实验所得到的结果是一致的。

按实验室制定的体系进行的教学的进程和有成效的结果，已在中央和地方报刊的大量文章中以及通过电视和电影等做了介绍[①]。

以上叙述和分析的事实有着多方面的意义。既然我们的研究是一项教育研究，那么，实验班和普通班学生的发展进程的材料，首先就用来作为说明小学教学的实验体系对于学生的一般发展能取得良好效果的证明。这些材料证实，实验体系的效果跟其既定的下列任务是完全符合的：在儿童的发展上要取得比小学教学的传统教学法条件下好得多的效果。

同时，具体材料对于认识学生的发展的内外根源的相互关系也有一定意义。过去，我们根据对一、二年级学生的分析性观察的研究，提出过一种设想，认为对于智力发展的进步起决定作用的，大概是各种不同性质的心理活动形式结合成为一种机能系统，这些心理活动形式，一方面是指认识客体的

---

① 这里仅举一些文章为例：瓦西莉耶娃：《小学教学必须根本改革》，载《国民教育》1963年第3期；杰米多娃、佩特罗娃：《发展学生的创造能力》，载《国民教育》1963年第10期；库马林：《按新的方式进行教学的地方》，载《国民教育》1965年第10、11期。

直接能被感知的特点，另一方面是指在对事物的具体的多面性**进行抽象**的基础上的概括。[1]

从方法论的角度探讨学生的发展进程，这对于教育研究也是必要的。我们的出发点是：承认教学和教育在儿童的心理发展中起着主导作用。我们把教学与发展的问题作为教育学问题来研究，是符合这个基本观点的。教育与发展实验室在几百个小学班级中进行了教育实验和广泛的试验工作，为这些小学班级编制了教学大纲、教科书和教学法参考书。我们研究的主要问题是：在什么样的教学结构条件下能使学生的发展取得最大的成效。

教学和教育是发展的外部根源，这绝不会削弱它们的决定性作用。但是这也绝不是说，在儿童的心理中没有矛盾，因为只有这类矛盾的产生和解决才是心理发展的内部根源[2]。

艾利康宁对发展及其根源有着不同的认识。我们对实际材料的分析采用了某些形式是想在认识发展的内部根源方面做些尝试，艾利康宁就这些分析形式声称，这种分析的倾向似乎是承认了教学的次要作用[3]。

艾利康宁到底提出了什么可以来代替我们对于认识发展的内部根源的尝试呢？他只是对我们在小学生的观察活动方面发现的一些变化提出了自己的见解，他写道："这是过去已经形成的心理过程在思维形成的影响下得到改造的简单例子。"[4]这样解释当然很简单，但是它没有推进对教学与发展之间的客观联系的认识。

问题大概并不在于思维对于其他心理过程来说拥有创造力这一点。如果那样解释的话，当然也就没有必要去揭示学生心理活动的矛盾了。

艾利康宁试图做出的解释，根本不符合教育与发展实验室所获得的事实。实际材料证明，这里的问题**绝不是在于思维的"干扰"**。实际上正是**分析性观察的精确性**为概括奠定了基础。同时，把被观察的客体的各个部分和

---

① 赞科夫主编：《学生在教学过程中的发展（1—2 年级）》，莫斯科，俄罗斯联邦教育科学院出版社，1963 年版。

② 赞科夫主编：《学生在教学过程中的发展（3—4 年级）》，莫斯科，教育出版社，1967 年版。

③ 艾利康宁、达维多夫主编：《掌握知识的年龄可能性》，莫斯科，教育出版社，1966 年版，第 40-41 页。

④ 同上书，第 41 页。

各种特性进行对比并予以概括的认识，就能发现客体的这样一些特点，这些特点在孤立地考察每一个因素时大概是不能被识别出来的。因此，对于**直接被感知的多种特性按其精确的差别性和分解性所进行的区分达到了比较高的、另一种质的水平**。

艾利康宁引用了维果茨基的观点来加强自己的关于教学与发展的相互关系的见解。但这是徒劳的，因为维果茨基绝没有忽略儿童心理发展的内部过程。维果茨基用不同的说法多次强调指出，由教学引起的发展的内部过程，有着自己的逻辑。他写道："我们可以这样说，教学是有过程的；它有自己的内部结构，自己的顺序性，自己的展开的逻辑；而在内部，在进行学习的每一个个别学生的头脑中有着好像是内在的、看不见的诸过程的系统，这些过程是在学校教学的进程中引起和运动的，但它们有自己的发展逻辑。学校教学中的心理学的主要任务之一，就是揭示这种内在的逻辑，揭示由这种或那种教学进程引起的各种发展过程的内部进程。"①

维果茨基在另一处直接谈及对教育过程的分析，他写道："学校教学的各种途径本身激起了发展的多种内部过程。追踪研究由于学校教学的进程引起的这些发展的内部线索的产生和结局，乃是对教育过程进行分析的直接任务。"②

忽略儿童发展的内部规律，就使问题的研究返回到詹姆斯和桑代克的观点。维果茨基批判过他们的观点，并且曾用一个简略的公式来表示他们的观点："儿童发展的水平等同于他学习的水平。"

迄今在教育学和心理学研究中积累的事实以及对这些事实所做的分析和理论阐述都确切证明，在儿童的尤其是学生的心理发展方面**排除内部规律的有效作用的观点是没有根据的**。

教学的可接受性原则

可接受性原则具体表现在下列规则中：由近及远，由已知到未知，由易

---

① 维果茨基：《思维与语言》，载《心理学研究选集》，莫斯科，俄罗斯联邦教育科学院出版社，1956 年版，第 272 页。

② 维果茨基：《学龄期的教学与智力发展问题》，载《心理学研究选集》，莫斯科，俄罗斯联邦教育科学院出版社，1956 年版，第 451 页。

到难（有时还附加一条规则——"由简到繁"）。可接受性原则及其相应的规则已经沿用很久。几十年来，它们在苏联教学论中一直在被旧调重弹①。虽然不止一次地改变过解释，而且曾经把可接受性的问题作为有教育家和心理学家参加的专门讨论的对象，但是，上述可接受性原则和规则的解释并没有发生重大变化②。

在可接受性原则的各种定义及对原则的解释中都贯穿着一项要求，这就是讲授要符合学生的年龄特点。教学论专著在提到这项原则时也是这样说的。达尼洛夫和叶希波夫写道："**可接受性原则要求讲授的内容和方法必须符合学生的年龄特点，使学生……能够掌握知识和技能技巧。**"③

斯卡特金没有把可接受性作为一项独立的教学原则，而是把可接受性从属于更加一般和有决定作用的自觉性原则。他写道："……教材的可接受性的要求，乃是保证掌握的自觉性的条件之一，因为学生只能理解可以接受的和不超出他智力的东西。"④

照此说来，自觉性是受可接受性制约的，而可接受性则受学生的年龄特点的制约。

还有这样一种观点，说是要把科学性原则和可接受性原则看作相互紧密起作用的。"这样的话，科学性原则就有了不是抽象的，而是内容具体的含义，而可接受性原则就成了学生的智力和体力的紧张尺度。"⑤但是，这一观点也没有根本改变通常对可接受性的解释。按照这位作者的意思，探讨这两项原则的相互联系，可以有助于正确地揭示科学性原则。

指出教材能被一定年龄的学生所接受要有许多条件，这一点是对的。这些条件是：学生的学业程度和发展水平、教学的方法，以及能促使学生自觉掌

---

① 叶希波夫、冈恰罗夫：《教育学》，莫斯科，教育书籍出版社，1950 年版，阿克尔曼：《苏联学校的教学原则和规则》，弗拉基米尔，弗拉基米尔省书籍出版社，1955 年版。

② 斯卡特金：《就学生的年龄特点谈谈小学、初中和高中的教材性质》，载《苏维埃教育学》1947 年第 4 期。

③ 译文参照达尼洛夫、叶希波夫编著：《教学论》，北京，人民教育出版社，1961 年版，第 226 页。

④ 斯卡特金：《论苏联学校的教学原则》，载《苏维埃教育学》1950 年第 1 期。

⑤ 叶希波夫主编：《教学论原理》，莫斯科，教育出版社，1967 年版，第 210 页。

握教材的直观教具。^① 指出这些条件有助于相当灵活地运用可接受性原则，但据此并不能改变这项原则的基本内容：讲授必须符合学生的年龄特点。

究竟应当怎样理解这种符合的要求呢？在教学论中有着这样的说法："仔细地研究儿童，研究他们的经验、知识和已达到的一般发展水平，有助于教师选择适合于学生成熟程度的实际上课材料。"^②这是应予赞同的。但是这种说法所涉及的只是选择上课的材料，是指教师在这方面可以依据自己对学生的了解。

可接受性原则如何应用于编制教学大纲、研究教学方法和其他教学论问题呢？这只有一条出路，即依据心理学和生理学在学生年龄特点问题上所拥有的资料。我们在教学论专著中可以看到："某一年龄期的学生掌握某种教材的可接受性问题，儿童掌握某些工作方法和方式的可接受性问题，都是特别重要的问题，这些问题多半是要根据儿童心理学和教育心理学的研究成果来解决的。"^③

但是在这本专著中解释可接受性原则也像在其他教学论著作中一样，几乎完全没有引用揭示学生年龄特点的心理学研究成果。而这类引用是必不可少的，因为即使只用个别的例子也应当指出，在运用可接受性原则时是怎样利用心理学资料的。

没有这种具体的解释就是在学科教学法结构中错误地运用可接受性原则的因素之一。这在小学教学的结构中是特别突出的。例如，援引小学生思维的具体性就已经成了习惯。据此，反对用理论知识丰富小学的教学大纲，因为这似乎是与可接受性原则相矛盾的。罗日杰斯特文斯基在反对把许多语法概念纳入小学的教学大纲时说："语法概念是抽象的，而心理学家们认为儿童是具体地思考的，尽管他也能接受某些抽象概念。"^④这位作者关于小学生思维的具体性的见解是错误的，援引心理学家们的话也不能成为理由。科斯丘克、库德莉娅夫采娃、纳塔泽及其他人的心理学研究都已证明，小学生

---

① 译文参照达尼洛夫、叶希波夫编著：《教学论》，北京，人民教育出版社，1961年版。
② 同上书，第227-228页。
③ 同上书，第42页。
④ 罗日杰斯特文斯基：《问题和怀疑》，载《初等学校》1955年第2期。

思维的特点首先是在抽象和概括方面的进步。

然而不仅在小学的教学法中，而且在教学论中也有过低地估计小学生可能性的观点。例如，不久前出版的《教学论原理》这本著作，把小学的教学任务规定为："小学教学应当首先保证使学生形成关于周围现象的直观感性的表象体系、初步地进行概括、确定一些简单的联系，并在这些基础上发展一般的视野。"①

总之，这是把直观感性的表象、初步的概括和简单的联系放到了首位。

教材一旦超出了习惯性地理解的小学生可能性的范围，就被认为是不可接受的，其最终结果是使传统的小学教学法明显地大大落后于社会发展的要求。

从根本上改变这一级学校教学的必要性，在正式的文件中已经有所反映。例如，新教学大纲的总则中说："为了正确而及时地使小学生得到发展，必须使教学内容更加丰富，较广泛地利用概括，加快小学教学的速度。现在一、二年级的许多作业，在儿童智力活动的内容及种类方面，比幼儿园大班同类作业的水平还低。这使教学的时间受到损失，使小学生的智力发展受到阻滞。"②

但是，问题不仅是在于把可接受性原则说得极其一般和抽象，而是在于这会在教学法体系和教学实践中带来不良的后果。更为值得注意的是，在教学的可接受性原则中只反映了讲授和学生年龄特点之间的联系这一个方面，即讲授要符合学生的年龄特点。

在教学的结构当中当然应该依据能说明一定年龄特点的科学资料。但是假如把年龄特点看作从外部强加给教师的某种东西，看作只应当予以适应的标准，这是错误的。

儿童发展的一般规律当然是存在的。但是，这些规律的具体反映则是随着教学安排的不同而有所变化的。例如，教育与发展实验室（布德尼茨卡娅、兹维列娃、托夫平涅茨）取得的研究成果证明，实验班学生早在头两学

---

① 叶希波夫主编：《教学论原理》，莫斯科，教育出版社，1967 年版，第 264 页。
② 《中、小学教学计划和教学大纲改编草案的总说明书》，莫斯科，教育出版社，1965 年版，第 59 页。

年期间就在观察活动、思维和实际操作方面发生了**质的变化**，过渡到了比较高的新的阶段。在按传统教学法进行教学工作的普通班里的学生，**并没有**这些变化。由此可见，8 岁儿童的心理活动随着教学的内容和方法的不同而有很大的差别。

　　总之，可接受性原则的缺点并不是在于它认为深化教学的过程必须有某些界限——受学生年龄特点制约的界限，而是在于这项教学原则的**片面性**。这项原则需要批判性的彻底改造，在改造时应当把**学生的年龄特点对教学过程的结构的依从性**摆到适当的位置。在这一条件下，教学的可接受性原则就不再是教学结构中错误地限制进步的因素，而成为在学科教学法领域中开展创造性工作的可靠基础，这必将鼓励教师积极而有计划地在学生的发展上下功夫。

第二章　教学中的整体和局部

教学的系统性

整体与其各组成部分之间的相互关系，以及各部分之间的相互联系，在人们实践活动的各个领域中起着重要的作用。因为教学教育过程属于最复杂的现象，所以，整体和局部的问题在这里有着特殊的现实性。

最近出版的《教学论原理》这本著作认为，将教学过程作为一个完整的过程进行探讨，具有科学的和实践的意义。该著作同时还指出，现在这个问题很少得到重视，"在教学论或学科教学法的教程中，可以看到的是周详地阐述教学过程的各个方面及各种因素、详尽地分析教学的各种方式。至于把教学活动作为完整的现象来揭示……，一般都是不予探讨的"[1]。

尽管在教学论著作中没有提到要专门研究整体与各部分之间的相互关系，但在讨论某些教学理论问题时，仍然这样或那样地涉及这种相互关系。在教学的系统性原则中，整体与各部分之间的相互关系就有着独特的反映。

达尼洛夫和叶希波夫写道：**"教学的系统性原则要求遵循严格的逻辑顺序来教授科学基本知识，循序渐进地指导学生的学习劳动……"**这两位作者对"系统性"概念的解释是："系统性是要求合乎逻辑地安排学科内容。学科中各个完整的部分或章节就是这个系统的组成部分。"[2]

学科各部分的"逻辑顺序"或"合乎逻辑地安排"，是由学校中讲授的这门科学的体系和逻辑决定的。同时，谁都知道，一门科学的体系并不能直接搬到教学的学科里。选定纳入学校教学大纲的材料，要符合学校教学阶段

---

① 叶希波夫主编：《教学论原理》，莫斯科，教育出版社，1967年版，第205页。

② 译文参照达尼洛夫、叶希波夫编著：《教学论》，北京，人民教育出版社，1961年版，第197~198页。

的特点、学生的年龄特点和教学论原则。这也就产生了这样一个问题：在学校教学大纲中如何依次排列所教课程的各个部分。

解决这个问题要从教学的要求出发，而且当然应特别注意不要跟相应科学的体系和逻辑发生矛盾。

但是，在教学大纲中对所教课程的各个部分的排列顺序，只是大体上确定"师生活动进程的顺序"①。

尽管在教学论中并没有直接解释这一点，但是，连贯性的问题，或"师生活动进程的顺序"问题，这是教学工作在时间上展开的问题。什么时候过渡到学习下一章？这种过渡跟前一章有什么关系？上面提到的《教学论》这本著作谈道："教学大纲的系统性只是学生取得系统知识的前提。……学生彻底地掌握旧教材以后再去学习新教材，才能保证教学的系统性。"②

可是，"彻底地掌握"是什么意思呢？对构成某门科学的事实、规律和理论有了认识，在习惯上就认为是掌握。善于运用学到的知识被认为是掌握的主要标志。看来，彻底地掌握的意思是充分理解地并且全面而牢固地掌握所学的内容。

据某些研究可以做出判断，从心理学的角度来看，彻底地掌握乃是在学生意识中高水平地形成了相应的表象、概念和它们的体系、联想，并且是掌握了智力活动的某些方式。③

然而，还是让我们看一看学校的现实情况。我们可以举出《教学论》作者在试图解释"在没有掌握前一段知识的时候，不要转入后一段知识的学习"这个规则时所用的例子："如果学生不能很好地掌握词的重音规律，不会找出重音音节，不能找到词的词根，那么他们就不能掌握词根中非重读元音的正字法规则，更谈不上去实际运用这些规则。"④

---

① 译文参照达尼洛夫、叶希波夫编著：《教学论》，北京，人民教育出版社，1961年版，第198页。

② 同上。

③ 卡巴诺娃-麦尔列尔：《学生形成知识和技巧的心理学》，莫斯科，俄罗斯联邦教育科学院出版社，1962年版。

④ 译文参照达尼洛夫、叶希波夫编著：《教学论》，北京，人民教育出版社，1961年版，第198页。

毫无疑问，重音的初步概念，在相当简单的情况下寻找重音的技能，都是学习上述正字法规则的前提。但是，这个概念在形成过程中还要经历漫长的一系列阶段。

这种解释在关于思维的心理学资料中可以得到证明。例如，在维果茨基及其助手的研究成果中，揭示了概念在发展过程中逐级上升的各个阶段。不仅是个别的概念，而且是它们的体系，在发展中都有质的改变。[①]

格穆尔曼也提出了一些跟这个问题有关的重要见解。[②] 他指出，教学法在许多场合下都主张采用替代的术语，以便减轻学生掌握术语的困难。这种替代的术语在小学俄语课上运用得特别广泛（事物、性质、行为——替代名词、形容词、动词等）。大部分替代的术语本身是不确切的。

格穆尔曼十分正确地指出，给学生讲术语应当不是在学习相应的现象之后，而应在学习之时，因为术语是一种概括的手段。格穆尔曼接着分析了有助于掌握术语的条件。开始是教师使用术语，并不要求儿童运用术语。广泛地做一些针对一般概念选配个别事例的练习。接着做这样一些练习：它们要求学生从其他许多现象中认定并找出能用某一概念表示的现象。然后再做的练习是，根据逻辑的和心理学的结构，针对提出的个别事例选定一般概念，使术语从学生的消极词汇转化为积极词汇。

我们认为必须强调指出，掌握术语的过程是一系列阶梯，学生要经历这些阶梯，它们引导学生达到预期的结果。

至于"重音"这个概念，在按照教育与发展实验室的体系进行的实验教学中，学生在识字阶段就已经很初步地对它有所了解。在识字课本中有这样一些单词：нора，норы；оса，осы。我们不是避而不谈单词 норы 中第一音节的发音与单词 нора 中的不同，而是利用这种机会向学生说明：单词的发音与它的书写往往不一致。孩子们看到，单词 нора 中的第一个音节不带重音，而单词 норы 中的第一个音节是带重音的。

然后开始让学生了解术语"词根""同族词""重音"，并且做有关词根

---

① 维果茨基：《思维与语言》，载《心理学研究选集》，莫斯科，俄罗斯联邦教育科学院出版社，1956 年版。

② 格穆尔曼：《学生掌握科学的术语》，载《苏维埃教育学》1950 年第 10 期。

中的非重读元音问题的各种作业。在教育与发展实验室的实验教科书里①，这类问题的作业与传统教学法采用的作业有明显区别。

在科斯京编的二年级教科书里②，绝大部分作业是在虚线处填上所缺的非重读元音，找出检验用的单词，或划出非重读元音。在二年级教科书里根本没有要学生复述一组同族词的作业。在三年级教科书里，在"词根、同族词"这一节的 34 个练习中，只有 5 个练习含有给句子中用粗体字标出的单词选找同族词的作业。其余的练习都跟二年级教科书中的一样，都是划出同族词、划出同族词中的词根、找出检验用的单词等。③

在波利亚科娃根据实验体系的原则编的教科书中，用竖式抄录各组同族词并在各组第一个词中划出词根的作业只占少数。大部分是要求给某个形容词、动词选找同族的名词之类的作业④。

在识字阶段，学生已经根据观察进行了含糊的和不完备的概括。这时在学生的意识中产生了相应概念的形成物，但是这并不局限于形成一些个别的概念，而是要使"词根""同族词"这些概念跟词类的概念联系起来，因而这些概念就发展到了较高的阶段，并且逐步具有适应性和灵活性的特性。

但是，上述这些概念的形成或相应技巧的掌握，都没有到此结束。在学生学习词的构成时会出现新的阶段。在根据教育与发展实验室的原则编写的俄语教科书中，在"词的构成"一节里，要求用已知的单词构成同族的名词，或用一定的后缀构成形容词、用指定的前缀构成动词等作业占有很大比例。⑤

当学生学到前缀、后缀，并在课内作业中开始运用复杂得多的词汇材料时，转入学习词的构成就使"词根"概念的形成达到更高一层的阶段。这时，这个概念已经是以对比的形式出现的，也就是跟"前缀""后缀""词尾"这些概念相联系而出现的。

---

① 波利亚科娃：《俄语（一年级教科书）》，莫斯科，教育出版社，1965 年版。
② 科斯京：《小学二年级俄语教科书》，莫斯科，教育出版社，1965 年版。
③ 扎科茹尔尼科娃、罗日杰斯特文斯基：《小学三年级俄语教科书》，莫斯科，教育出版社，1966 年版。
④ 波利亚科娃：《俄语（一年级教科书）》，莫斯科，教育出版社，1965 年版。
⑤ 波利亚科娃：《俄语（二年级教科书）》，莫斯科，教育出版社，1966 年版。

正字法技巧的掌握的性质也有变化。在没有用前缀和后缀派生的单词中，重音暂时还不那么明显，而重音不明显，找出词根和判定同族词都是很困难的。

根据上述观点来看，应当批判地分析传统教学法中通常把所学课程划分为一些完整的章节的说法，在教学论中探讨教学的系统性原则时说它们是各自完整的章节。例如，在科斯京编的二年级教科书中，"词根中的非重读元音"这一节就是作为所学课程的一个孤立的单位出现的。认为学生已经形成了必要的概念，并且已经掌握了相应的技巧，但是实际上并没有做到这一点。关于"已经学会了某一节"的认识只不过是错觉，是自我欺骗，而学校则因此要付出惨重的代价，因为，词根中非重读元音的错误真是祸患无穷，至今还得不到根本的改善。

这样的系统性绝不会有利于学生的发展。因为从发展的要求来说，极为重要的一点是，要使教材是通过尽可能广泛和多方面的联系而被领会的，不要使教材成为一些孤立的片段。实现这一要求对于掌握知识和技巧也同样重要。我们的实验给这些结论提供了一定的根据。实验班中关于掌握知识和技巧的资料①证明这些结论是正确的。例如，学生掌握"名词"这个概念，是在他学了"名词"这一节之后转到学习后面的其他章节（"代词""动词"），并且联系这些章节重新回过头来学习名词的时候。孤立地学习教学大纲中的各个章节的结果，大概是不可能做到"彻底地掌握"教材的。

分析教学的系统性原则势必要提出一个极重要的教学论问题：知识的体系在学生的头脑中是怎么形成的？正如以上用俄语教科书（小学算术教科书②在结构上与俄语教科书没有区别）的例子所指出的那样，小学教科书的结构既是如此，所以关于学生形成知识体系的一种固定认识是跟这种结构分不开的。这种认识是：某一部分知识是以所学课程的个别片段一节一节地在学生的头脑中积累起来的，换句话说，学生是一点一点地领会和记住这部分知识的。复习也是按照这些互相孤立的章节进行的。例如，在三年级的学年

---

① 赞科夫主编：《掌握知识和小学生的发展》，莫斯科，教育出版社，1965 年版。
② 普乔柯、波利亚克：《算术》，莫斯科，教育出版社，1965 年版。

开始时，要把二年级学过的那些章节，即"语音和字母""单词的重音""软音符号""清浊辅音"复习一番①。因此，复习使课程的各个片段的孤立性在学生的头脑中加深了。

教育与发展实验室得到的事实②，对于学生形成知识的体系可以做出另一种解释。与这种解释有密切联系的是，学习新材料和复习学过的材料都按另一种办法安排，它们之间的关系也不一样。

这可以用小学学习数学的某些情况来做说明。例如，一年级学生做加减法和编制相应运算表的情况。

学会加减法以后，我们告诉学生：不知道的数可以用拉丁字母 X 来表示，并给一些相应的例题进行解释。例如，有一个作业是这样一个式子：4+X＝9。要学生找出未知数。做这个作业是要将 9 减去 4。在这时以及其他类似情况下，孩子们要进行减法运算，但这并不是单调的重复。在这里做减法是为学习新的知识埋下伏笔。学生做了这种减法能较深入地理解加减法的联系。

另一种性质的作业也是要达到同样的目的。要求学生改变 5+4＝9 这个式子，使其中保留原有的这些数字，但不出现符号"+"而是用符号"−"。在这里又一次出现了 9−4＝5 的减法，但事情还不是到此为止，因为作业要求的是做出两种不同的改变。这就是说，孩子们还要把这个式子写成另一种样子：9−5＝4。

许多作业都为认识数与数之间相应的依从关系、四则运算之间的联系提供了依据。例如，上述作业就是如此。做这个作业不要归结为叫学生写出两个式子。孩子们要记住加减项的名称，例如，5 和 4 是加数，9 是和。当将 9 减去 4 的时候，我们是用两个加数的和以及其中的一个加数，来求另一个加数。减法是加法的逆运算。

应当建议学生按上述例子编制一些其他的加法例题。在编好例题并经检查无误之后，教师要求学生将这些例题按同样格式进行改造，即要求保留原

---

① 扎科茹尔尼科娃、罗日杰斯特文斯基：《小学三年级俄语教科书》，莫斯科，教育出版社，1966 年版。

② 赞科夫主编：《掌握知识和小学生的发展》，莫斯科，教育出版社，1965 年版。

来的各个数字，但不出现符号"+"而是用符号"－"。教师从学生编制的例题中选一些不同的例子写到黑板上。大致可以写出这样一些式子：3+2=5，5－2=3；6+1=7，7－1=6；4+5=9，9－5=4；等等（用逗号分开的两个式子写在同一行上，分号以后的另起一行）。

孩子们对写出的每一行式子进行对照，对各行式子也进行对照，在这里就得出一个新的要点："减法是加法的逆运算"适用于任何数字。这就是说，加法和减法的联系可以用字母公式来表示：А+Б=В，В－Б=А。

由此可见，学生所重复的是过去学过的东西，但这不是机械地复习已知的东西，而是通过编制例题，通过观察它们之间的关系，通过做新的作业来复习已知的东西。

试再以下列作业为例：

$$3+6$$
$$3+4$$
$$3+2$$
$$3+5$$
$$3+1$$

要解答这里所列的五道题，只需几分钟时间。在传统教学法条件下，做对例题就算完事。教师做一番检查，看是否做对，把错误纠正，接着全班就转到做下一个作业。

根据实验体系的要求，事情不是到此为止，而是在解答了这些例题之后才开始最有意义和最重要的工作。我们要求孩子们将第一行的和跟下一行的和进行比较，并依次接着比较。学生可以发现，下一行的和跟其前一行的和相比，增大了或减小了多少。但是，还不能让学生们就此止步，还必须说明他们所发现的区别的根据是什么。由此可见，跟传统教学法相比，这样做作业的性质本身就不一样。

作业安排的次序是要使其中的一项作业在以后的作业中得到自然的继续。

例如，在学生弄明白他所发现的区别的根据是什么之后，就要求他把所有解答过的例题重新排列，使第一行的和是最小的数，使以后每一行的和愈来愈大。得到这样的结果：

$$3+1=4$$
$$3+2=5$$
$$3+4=7$$
$$3+5=8$$
$$3+6=9$$

作业到此才算结束。

但是，对于优等生来说，在这里还可以继续做一个比较复杂的作业。教师要求把每一行的和跟下一行的和进行比较："下一行的和大多少？"查得的结果是：第二行、第四行和第五行的和都比其前一行的和大 1，只有第三行的和比其前一行的和大 2。这时要求学生编制出一个短缺的例题，使每一行的和都比其前一行的和大 1。学生先找出两个和的差是 2 的两行，然后找出比 5 大 1 而比 7 小 1 的数。这就是 6。因此，短缺的一行的和应是 6。接着再找出第二个加数，因为第一个加数都是 3。既然 3 加 2 得 5，那么，要得到 6 就要给 3 加上一个比 2 大 1 的数，即 3。学生编制出的短缺的例题就是：3+3=6。这时，后面一行的和都比其前一行的和大 1。到以后，这种难度大的作业可以要求全班学生都做①。

按上述那样重复已经学过的材料，跟在传统教学法条件下进行的复习是有根本区别的，后者只是在学生的意识中复现该课程的一些孤立的片段。在我们的实验体系中，重复已经学过的东西，同时是向前大大进了一步。例如，学生在重复他已知道的加减法的联系时，这种联系是在解最简单的方程式的条件下出现的，而解方程式是他过去没有学过的。在另一种情况下，加减法的联系是以改造例题的形式出现的，然后得出这些算术运算的相互关系的字母公式。

现在谈谈另一种情况：学生转到学习三位数乘以一位数。传统教学法在这时的建议是："要强调严格地按位进行这种运算，要以乘式的前半部分适

---

① 赞科夫：《数学教科书（一年级）》，莫斯科，教育出版社，1965 年版。

当地反映出这一点。"①

在小学教学的实验体系中，转到学习三位数乘以一位数时的教法完全不一样。我们要求学生解答按以下形式排列的两列例题：

$$12 \times 4 \qquad 212 \times 4$$
$$23 \times 3 \qquad 123 \times 3$$
$$\cdots\cdots$$

要求学生对每一行的两个例题进行比较："它们有什么相似之处？它们的区别在哪里？解答后一个例题时有什么新的东西？"然后学生应做出说明，如何得出这样的结果：

$$123 \times 3 = 369$$

从上述材料中可以看出，在小学教学的实验体系中，课程的教学法结构有这样一个宗旨，即要使课程的各个组成部分始终是互相联系着的。十分重要的是，这些联系不是表面的和形式上的，而是内在的和实质性的。这些联系的确立，并不是因为材料的各个片段的学习在时间上紧挨着，而是因为材料的各部分之间的每一种关系本身在学生知识体系的形成过程中标志着前进的运动。

下列问题是不应当回避的：教科书上的课文以及向学生提出的问题和作业，为课程各部分之间相互的内在联系创造了哪些条件，教科书是否有助于进行探索性的思考。因为如果学生没有紧张地进行探索性的思考，要形成知识体系是不可能的。让我们按这个观点来分析一下植物学教科书②。

教科书中有以下各章："种子""根""叶""茎"，等等。在每一章之后都有问题和总结。但是，暂且不说课文本身，那些问题和总结没有把各章的内容联系起来。例如，"叶"这一章之后的总结中说：由于光照，在植物的叶子里能构成有机物；叶是一种器官，植物通过它蒸发水分。"茎"这一章最后的总结中说：茎是植物的重要器官；它长出叶子去受光照；植物通过茎传送营养物；积累储存备用的有机物。接着还说，茎的顶梢向高生长，植物的茎是多种多样的。

---

① 普乔柯主编：《小学数学教学法原理》，莫斯科，教育出版社，1965 年版，第 245 页。
② 弗谢斯维亚茨基：《植物学（五、六年级教科书）》，莫斯科，教育出版社，1965 年版。

提出的问题如果不能推动对其答案的探究，这大概是会妨碍深入理解各章内容之间的联系的。教科书中的大部分问题只是为了让学生记住各章课文中所含的实际知识。例如，"从幼芽长成嫩枝"这一节提了这样一些问题："什么是嫩枝？幼芽的构造如何？幼芽可以长成什么？"有些问题好像是为了深入思考各种现象之间的依从关系而提出的，实际上它失掉了这种作用，因为学生可以在课文或总结中现成地找到问题的答案。例如，提出这样的问题："茎在植物的生长中起什么作用？"可是答案就在这里成排地摆着："茎是植物的重要器官；它长出叶子去受光照；植物通过茎传送营养物"；等等。

在教科书里有大量分散的知识和术语，这对于深入理解、掌握知识的原有体系是很大的障碍。例如，五年级植物学教程中的八章课文大约有 200 个用斜体字标出的术语。

上述情况证明，贯彻系统性原则的结果，既不利于学生的发展，也不利于真正掌握知识。当然，出现这种情况的责任不能完全归咎于教学论，因为在学科教学法中也有可能错误地实施系统性原则。同时也不可否认，对系统性的理解需要彻底地有批判地重新研究，因为正是教学论对系统性原则所做的那种解释，在学科教学法中造成了不良的后果。

就以上提出的问题来看，有必要开展实验教学论的深入研究。在解决教学的系统性问题时，大概也不能省略这个过程。

教学过程中的各种联系问题

教学论正在注意各种教学原则之间的、教学内容与教学方法之间的，以及在探讨教学过程的其他许多情况时的一些联系。例如，加涅林专门研究了自觉性原则跟古典和现代教学论的其他原则之间的联系①。

大家知道，每个年级的各门学科之间的相互联系的问题，就是科际联系的问题。俄罗斯联邦教育科学院列宁格勒教育研究所非常重视这个问题。安

---

① 加涅林：《教学的自觉性原则》，莫斯科，俄罗斯联邦教育科学院出版社，1961 年版。

纳尼耶夫①特别强调科际联系的思想，在他领导下该所详细研究了实现这一思想的具体途径。按照科际联系的要求对各学科教学大纲进行的分析证明，教学大纲的结构存在着严重的脱节现象。例如，学生在学习生物学的时候，他们还缺乏理解生物学过程所必需的化学知识。该所曾对适当地改进教学大纲和教科书提出过许多有益的建议。该所现在也还在从普通教育学校五年级至八年级的课堂教学的结构和进程方面探讨确定科际联系的必要性以及使之实现的途径。②

从科际联系的角度研究各学科的内容，除了有重大的实际意义之外，还有可能丰富教学的理论，因为在这里可以为研究学校教学的各个部分之间的相互关系摸索到一个方向。同时必须指出，现在研究的科际联系中的重点乃是各部分本身之间的相互关系，可是缺乏从这些部分所组成的整体出发。

我们从上面的叙述中可以看出，尽管教学论正在注意探讨某些学科的教育学原理以及教学过程各个方面的相互联系，但是教学论专家们自己承认，这方面的进展不大。

早已众所周知的一些教学原则在苏联学校中一直保持着自己的作用，尽管在改进这些原则的内容方面做了许多努力并提出了一些新的原则，但是，"业已进行的种种尝试直到现在仍没有能建成一种被普遍接受的原则体系，即使许多这类尝试都是有益的"③。

我们认识到教学中的整体与各部分之间的相互关系问题是非常复杂的，但仍将试着在教学和发展问题的实验教育研究的基础上，对教学过程中的整体与各部分之间的相互关系提出一种可行的解释。这种初步的设想当然需要进一步认真研究。

关于教学过程的"整体""局部"的概念，就像在其他领域中一样，是相对的。例如，学校某一年级中学习的一门学科，对其各个章节或专题来说是一个整体。同时，就该年级的全部教学工作来说，一门学科又是它的局

---

① 安纳尼耶夫：《儿童在小学的教学和教育过程中的发展》，载《小学的教学和教育问题》文集，莫斯科，教育书籍出版社，1960 年版。

② 达尼洛夫主编：《八年制学校的课堂教学》，莫斯科，教育出版社，1966 年版。

③ 叶希波夫主编：《教学论原理》，莫斯科，教育出版社，1967 年版，第 209 页。

部。更加复杂的整体是学校教学的某个阶段，而在这里也还有这个阶段中的教学与教育之间的关系问题，因为这两者是一个完整的教学教育过程的两个局部。

我们在分析小学教学中的整体与局部的关系时，首先要注意的是教学体系的完整性。

体系是一个整体，它是有规律地安排和相互联系地起作用的各个局部的统一体。人们有时把表面上互相结合的一些因素的集成也叫作体系，但这是错误地使用这个术语。体系的必要标志是它的完整性。体系的特点是：它的各个部分和它们之间的各种联系都具有相互的依从性。

要求教学和教育过程的各个部分与各个方面是一个统一的整体，这对于小学来说是特别重要的。小学在学校教学中的地位以及小学生的年龄特点，就是这一要求的依据。

小学教学是通过一些学科进行的，但决不能因此而对这一教学阶段的整体的特殊性缺乏明确的认识。不仅如此，正因为是这种分科进行的小学教学，才更有必要弄清楚各门学科组成的这个整体的种种特点。

在小学的教学计划中有八门课。其中每一门课在小学教学阶段中占什么地位？作为苏联学校教学阶段之一的小学教学的作用是什么？传统的小学教学法的书刊对这些问题没有做出过明确的回答。小学教学法专著对这些问题也没有做出回答[①]。

若要简略地评价传统教学法的现状，那么应当指出的是：它对于小学教学的教学论原理的认识是含混不清的，小学教学的教学论原理本应有助于把小学教学建成一个统一的整体。

小学教学的整体性

现在谈谈我们在研究教学与发展问题的过程中建成的小学教学的实验体

---

① 罗日杰斯特文斯基主编：《小学俄语教学法原理》，莫斯科，教育出版社，1965 年版；普乔柯主编：《小学数学教学法原理》，莫斯科，教育出版社，1965 年版。

系。从以下几个方面将可以看出它的整体性：总的教育思想，它是小学教学的实验体系的核心；这个体系的各项教学论原则的相互联系；对现实的认识的性质；作为学校教学阶段之一的小学教学的特殊性。

教学要为学生的一般发展取得最大的成效这一思想是实验体系的基础。这一思想贯穿于教学大纲和教科书、教学的方法、各学科的教学法结构、教育学生的方法、教学和教育工作的组织形式。

我们在小学范围内进行的实验教学研究，其主要对象是教学的结构和学生的发展进程之间的联系。因此，我们要研究的是整个实验体系或实验教学。然而，实验教学的整体性，不仅具体表现在贯穿有它的总的教育思想上，还具体表现在前面谈到过的（见第一章）各项教学论原则的相互联系上。

例如，以高难度进行教学跟其他原则的联系表明，实际存在的并不是随便哪一种难度，而是在掌握理论知识上表现出来的那种难度，或者也可以说是有助于学生理解学习过程的那种难度。

譬如说，要二年级学生掌握"词形变化""构词"这两个概念就是一种高难度要求，但是这里的困难并不是在于要在一天之内背熟 20 个疑难单词的正确写法，而是在于要把反映广泛语言现象的这两个概念区分清楚。据此就能把过去获得的一些知识归纳成一个比较精确而有条理的整体。

实现以高难度进行教学的原则，必须充分地以较高的速度学习教材。因为难度是受教材的性质制约的。如果多次重复同样的教材，做大量千篇一律的练习，那么作业内容本身就不可能做到以高难度进行教学。长时间地反复运用同样的材料，决定了智力活动具有"走老路"的特性。

理论知识起决定作用和使学生理解学习过程这两项原则之间也是有密切联系的。要使学生对学习过程有所理解，他不仅要完成某些操作，而且要领会这些操作的实质（例如，算术运算的某些规律、各种运算的联系、运算结果的变化取决于算式各项的变化等），即使是肤浅地。

实验教学的整体性还具体表现在它的内容广泛的任务上：在科学、文学和艺术的基础上给学生提供世界的一般图景。这项任务是由实验教学的总的教育思想——教学要为学生的一般发展取得最大的成效——决定的。因为一般发展不可能只靠认识个别片断的现象就能获得，也不可能局限在狭窄的生活领域里。它要求广泛地涉及多种多样的现实。

这样理解对现实的认识，远远超出了通常的各种教学工作（讲读课和有局限的观察）的范围。其中最主要的是，不要把获得关于周围世界的知识简化为实际知识的收集。实际知识当然是必要的，但其本身也应成为解释各种现象之间的规律性、联系和依从性的材料。在我们的实验教学中，对现实的认识是紧紧依据科学的资料和文学艺术的珍品的。

传统的小学教学法广泛使用"不可接受性"这一术语，可是运用这个术语并无可信的事实为依据。这种状况导致在小学里往往只向学生讲授关于周围世界的一些原始的、日常生活上的知识①。

在对现实的认识中，苏联和外国的现代生活应占应有的地位。学生的思想政治教育的任务，在学生的一般发展上下功夫的任务，都要求学生对苏联及外国所发生的重大事件做出反应。靠学习课本是不可能做到这一点的，因为课本对它们的反映总是落后于现实的。

关于苏联的政治生活，它的经济、工农业、科学和艺术中的重大事件，学生能从成年人那里、通过广播和电视等听到。孩子们自然想要更多地知道这类大事，可是他们往往错误地理解这些大事。在学校里不跟学生讲苏联的现代生活，这未必能被认为是正常的。很重要的一点是，不要个别地，而要在班集体中满足学生的要求，使他们中的每一个人都有可能说出自己的思想感情，并使他所思考的问题都能得到回答。

最好是利用孩子们入学时原有的那些感受作为谈话的借口。要让他们说出那些感受并由此开始无拘无束的交谈。

在现行的小学教学法中，对于儿童开始接触文学艺术的领域理解得太简单。传统的小学教学法从这样一种偏见出发：讲解真实的文学艺术作品的艺术含义，似乎不是小学生所能接受的，所以在学生感知艺术作品时，唯一可做的事情是讲讲它们的情节内容。但是要知道，文学和造型艺术的作品不同于采访者的简讯和照片，用文学艺术的特有手段创造的艺术形象，肯定会对

---

① 译文参照赞科夫：《论小学教学》，北京，教育科学出版社，1982年版。

思想感情产生深刻的影响，而这对于道德教育和思想政治教育都具有重大意义。

我们的实验证明，小学生们都以极大的热情来听取真实的艺术作品的讲解，这种讲解激发了他们的审美感和道德情感，孩子们能够理解和感知到至今还被认为是他们接受不了的许多东西①。根据实验体系的原则，我们编写了讲读课本。其中每一册都有两个部分：文艺作品和科普文章。第一部分的课文是根据作品的高度艺术性和应有的思想倾向性的要求编选的。第二部分课文的内容丰富而多样，能开阔儿童的视野，在他们面前展示了丰富多彩的世界。②

早在一年级的时候，讲读教学和造型艺术方面的功课的安排，就应使学生不局限于了解情节内容或掌握相应的技巧，而要使其能感觉到艺术作品所表现的心境以及其中所抒发的感情。但是这只是初步地感知文艺作品，到二年级在这方面能有决定性的进展。

在二年级，儿童能获得文艺作品的结构方面的初步知识，了解文艺作品的某些种类以及语言的描写和表达手段。在造型艺术方面，学生能得到画面构图的知识。儿童在欣赏图画时能看出艺术家在每一幅作品中运用的形式和色彩的特点。

由于这一切以及在过去获得的审美感的发展的基础上，二年级学生在感知珍贵的文艺作品时有了显著进步，在这些珍品中，艺术形象和它的创造手段都是为表达各种思想感情服务的。

我们的经验表明，儿童能够根据教师的提问或独立地看出所欣赏的图画中特有的描绘手段的一些重要因素。例如，在我们的二年级实验班（莫斯科第 172 学校）里，在第二学期后半期进行过下列关于希什金的名画《小榭树林》的一次谈话：

---

① 译文参照赞科夫：《论小学教学》，北京，教育科学出版社，1982 年版。
② 罗玛诺夫斯卡娅、罗马诺夫斯基：《生动的语言（一年级讲读课本）》，莫斯科，教育出版社，1965 年版；罗玛诺夫斯卡娅、罗马诺夫斯基：《生动的语言（二年级讲读课本）》，莫斯科，教育出版社，1966 年版。

教　师：请叙述希什金的这幅画（把《小槲树林》的复制品挂上）。

塔尼亚：希什金的这幅画上画的是小槲树林。这里画有一块晴天的草地。天是浅蓝色的，没有云。到处是青草，全都是绿的。槲树伸展着壮实的树枝。

教　师：好！谁接着叙述？

托利亚：这幅画上画有一块草地。它后面是一小片槲树林。太阳把草地照亮，使左侧的槲树完全染上了黄色。树皮像是金黄色的。深处有个不大的沟坎。它长满了各种鲜花和青草。

教　师：好极了，托利亚！下面让娜塔莎来说吧。

娜塔莎：这幅画上画有一小片槲树林。这是一个明朗的有阳光的日子。阳光照射使草地都成了金黄色的。槲树像健壮的勇士那样伸展着大手般的树枝。太阳光把离我们最近的一些树照得好像变成了黄色的。这些槲树的树皮是淡褐色的。槲树上叶簇稠密，像是绿色的卷发。如果从远处看小槲树林，就好像是一堵墙。草地布满鲜花。槲树周围青草比较少。

教　师：好极了，真聪明！现在让我们听伊戈里的。

伊戈里：前排的第一棵槲树比所有槲树都粗壮。槲树的叶子都混在一起，所以看不清它是什么样子。草地全被阳光照亮了，只有远处的树冠挡住了阳光，有块阴影。阴影里的槲树的树皮是发暗的。

教　师：希什金用什么办法表示这些槲树离得较远？

尤　拉：他把它们画得比较小。

托利亚：希什金不只是画了槲树——那样就会枯燥无味，因为所有树干就会都是一样的。他还画了一些别的树——在槲树之间可以看到它们。

尼　娜：这些树的亮度不一样。

教　师：这是由于什么造成的？

尼　娜：由于阳光。有些树上落有阳光，另一些树上没有。

教　师：希什金怎样表现出这是一个有阳光的日子？

伊戈里：画面全是明亮的。

教　师：这幅画能引起什么心情？艺术家使我们感觉到他在这个树林里感受到了什么？请大家说说这一点。鲍里亚，你要说什么？

鲍里亚：这幅画能引起愉快的心情，因为是明朗的有阳光的日子。所有榭树都被阳光照亮了。天空是浅蓝色的，连云也没有。

教　师：鲍里亚感到了愉快的心情，因为天是晴朗的，令人愉快。

伊戈里：还因为在这样的草地上走是很令人高兴的，那里多么美呀！

米　沙：那里很美。第一棵榭树比……怎么跟您说呢，比（寻找适当的词汇）……甚至比盛开的鲜花还明亮。

教　师：其实你们是喜欢上这幅画了，你们看着它甚至都露出了笑容！

萨　莎：我真想在这个小榭树林里多待一会儿！

塔尼亚：我也不想从这幅画里"走出去"。这是一些多么好的榭树呀！

教　师：现在请想一想，人们可以用哪些艺术手段来表达自己的感情。

托利亚：他可以通过绘画、诗篇、音乐来传达感情。

教　师：对！正因为如此，所以艺术能如此地感动我们。所以你们在听音乐时，有时会露出笑容，有时会变得愁闷……，所以我们才这样喜欢文艺作品。请回忆一下，谁曾出色地描写过森林中的阳光。

尤　拉：帕乌斯托夫斯基（他将希什金的画和帕乌斯托夫斯基的小说做了比较）。

（教师接着谈道，艺术家、作家、诗人或音乐家在创作自己的作品时，要付出多么多的劳动，他有多么敏锐而易感动的心灵，他必须要具备多么丰富的知识。）

教　师：人是多么富有感情，他甚至能赞美小草！请记住塔尼亚说过的一句话："我从来不知道会有这么美丽的小草！"可是，有的人可能会说："森林不过就是森林呗！没有什么可稀罕的。"

* * * *

小学教学的整体性还要求把小学教学跟以后的学校教学阶段以及学前教育都区别开。

小学教学的特殊性可在心理科学中找到论证。有关的研究成果中提到，小学年龄期是儿童发展的特殊阶段，这个年龄期跟学前期和少年期有着质的区别。维果茨基、赞科夫、津钦科、科斯丘克、列昂捷夫、莫罗佐娃、鲁宾斯坦与斯米尔诺夫等人的研究成果揭示了小学生心理的各个方面。在这些研究中发现了小学生的许多重要特点，诸如：过渡到对自身心理过程的有意识性；直观形象思维和语言逻辑思维之间的矛盾关系；抽象与概括的发展和质的变化；从概念的罗列向概念有层次和多级系统化过渡；高级记忆机能的发展；等等。

高级神经活动生理学方面的研究成果提到了小学生的神经动力过程的主要特点。小学年龄期的皮质抑制的成熟还明显地落后于兴奋过程。小学生的神经过程的灵活性由于神经过程的集中性有欠缺而没有完善。第二信号系统还远远没有起到它在以后的发展中所能起到的那种调节和指导作用。

几十年积累起来的教师的经验证实了小学生的年龄特点的存在。在儿童掌握知识和技巧的过程中，教师通过对他们的观察发现，小学生对所学知识的理解是独特的。这类观察结果在反映教师经验的许多文章中都有所论述。

给小学生提供世界的一般图景这一任务，跟小学教学的特殊性是不矛盾的。这是在科学和文学艺术的基础上认识世界的第一个圆周；它在学校教学的初期所占的地位以及小学生的年龄特点，决定着小学教学独有的特点。

下面谈谈这种特点的一个重要方面。在小学里对被认识的现实所做的分析是初步的，暂时还很少深入现象的深处。在以后的各个学校阶段中，当学生分科获得广阔的科学材料时，对世界的认识的特点是突出差别性。例如，认识自然界是通过学习植物学、动物学、物理学、化学等进行的，而在这些学科的每一门课中，分析可达到非常可观的程度。因此在这时，世界的一般图景是建立在认识的深刻分化的基础上的。

必须特别强调指出，学校教学的各个阶段的这种区分，对于学生奠定科学世界观的基础是十分重要的。这既保证了在小学和在以后的各个学校阶段中保持世界观形成的统一性，也保证了使这一形成过程划分出各个阶段，使其中的每个阶段各自有其质的特点。

与小学阶段相比，在以后的各个教育阶段中，教学与发展之间的相互关系也是有变化的。在学生的一般发展上下功夫仍然是一项具有重大意义的任务。但是，这项任务在教学法研究方面的独立性减弱了。教学材料的差别性和深度本身，为学生的一般发展提供着很多东西。此外，学生依靠小学阶段所获得的东西进行自我教学和自我教育，也有助于进一步发展。

＊　　　＊　　　＊　　　＊

虽然我们说小学教学的实验体系是一种教学论体系，但这并不是说，它与传统的小学教学法相比，在教育方法上毫无变化。既然任务是要使学生的一般发展取得尽可能大的成效，这也要涉及教育的方法。

至于教育，其中具有重大意义的问题是，完成教育的任务不能靠它跟教学在表面上的结合，而要靠教学过程本身的一定安排。由于贯彻实验体系的教学论原则，学生形成了学习的内在诱因。学生不是为分数而学（分数的作用在实验班里微不足道），而是基于求知欲。他们在紧张的智力活动中感到满足，乐于完成有难度的作业，像是去迎接即将被认识的新事物。学习不再带有某种不得已的、枯燥而令人厌烦的意味，而是成为引人入胜的集体的认识过程。这种过程是在全班齐心协力和无拘无束的情况下进行的，同时也是在具有高度纪律的情况下进行的，高度的纪律是由学生尊敬老师和同学、专心致志于认识的过程与课上的紧张忙碌而形成的。

实验教学为学生丰富多彩和自然而然的集体生活，为克服教学活动中的形式主义创造了有利条件。学生由于学习教材而产生不少问题，这是很好的现象。因为当学生自己觉察到理解教材有某些欠缺时，当某些不协调或矛盾引起了他们的惊觉时，当他们感觉到要使知识很好地"配套"而构成一个严密的整体还缺少某些因素时，他们才会真正地掌握知识。在这些情况下产生问题，学生才会与教师一起共同努力去探寻答案，教师则应稍稍地指导学生达到预期的目的，让他们得到这些答案。

　　在我们的实验班里，教师很注意倾听学生的各种想法、他们相互之间的争论和他们的一些揣测，鼓励学生自己试着去解决已产生的疑惑。学生感到有兴趣的问题往往超出教学大纲或教科书的范围，但教师不要拒绝这类问题，当然，学生无力解决的事情除外。开展交谈可使知识深化，可发展学生的探索性思考，可增强对科学的巨大力量的信念，可增强不断前进、不断加深认识的意向。

　　实验教学改变了师生之间的关系。教师并不减弱自己对学习的领导作用，但同时也使自己成为集体的认识过程的参加者，成为自己学生的真正朋友和年长的同学，完全没有平常在小学里盛行的那种"发号施令"的腔调。

　　当然，在一般的小学里，教师往往也想跟孩子们接近。但是，传统教学法的清规戒律妨碍着互相接近和友好的关系。生硬地规定讲授的教学法结构，遵守表面的纪律规范，要求频繁地打分，这些都会产生教学的形式主义，而它必然会使师生疏远。

　　在实验教学中，师生之间的友好关系，创造学习的内部诱因，充满生动的认识的气氛，乃是整个体系的一些必要的组成部分。

第三章　教学任务、教学方法和教学效果

教学任务和教学方法都有区别

教学的任务以及它在教学中的特点、地位和作用，是研究教学过程时的一些重要问题。在教学论中业已谈到的是教学任务的各个方面。达尼洛夫认为："教学过程的特殊矛盾的特点是：教学的进程本身或**教学过程的逻辑经常不断地向学生提出一些在某方面是新的的任务，这些任务是学生能明了的，能被他们接受的，而且是在他们一定的智力努力下能被他们解决的。**"①

以上论述所说的是下列几点：第一点是从教学过程的客观进程方面来说明任务的特点。此后两点指的是教学任务在学生意识中的反映：任务是他能明了的并能被他接受的。如果拿这两点跟学校的客观现实对照一番，它们大概是最重要的事情。最后一点指的是，如果教学任务能被学生解决，那么这个特殊矛盾就生效了。

我们不想对以上论述做批评性分析，因为现在的问题不在这里。我们要强调指出的是，以上论述对教学任务并不是综合地，而像是从各个角度来予以研究的。

教师对眼前要讲的材料所做的"导言"可以是多种多样的。达尼洛夫以学习勾股定理为例列举了各种"导言"。

教师可以简单地说："现在我们开始上新课：勾股定理。"教师也可以举例，不仅指出新课题，而且指出它在实践中的应用。还可用以下方法：教师从学生已知的内容开始（"直角的两边可以完全确定一个直角三角形和它的

---

① 达尼洛夫：《苏联学校的教学过程》，莫斯科，教育书籍出版社，1960年版，第42-43页。

斜边"），接着指出学生眼前要学的新内容（"应当存在直角两边与斜边之间的公式"）。达尼洛夫认为上述第三种办法最好，他指出这种办法是把新课学习的理论动机和实践动机结合在一起了。①

从许多方面探讨教学任务，这是深入研究这一问题的有利条件。但是，上述对教学任务的解说有着某些特点。第一，这就是教学任务的局限性：每项任务都是跟该课程教学大纲的某个专题或课题紧密联系着的。第二，教学任务在时间上不断变换，例如，在今天的俄语课上是这些任务，明天是另一些任务，后天则又是别的一些任务。教学任务的性质跟采用的教学方式方法之间的联系，看来只可能是局部性联系，由于教学任务的局限性而并不具有概括的性质。

在佩罗夫斯基写的《教学中的方法问题》一文中提到的"最近的教学目的"，其内容是给学生讲新材料，使学生掌握知识并对掌握情况进行检查。②佩罗夫斯基所说"最近的教学目的"所含的内容，也可以看作教学的任务。于是，与教学过程的环节相对应的教学任务的多样性，将是研究教学任务时的一个重点。

我们对教学中的教师语言与直观教具的结合所进行的研究证明，有些教学任务具有**一般的**性质，它们既不"隶属于"教学大纲的某个专题，也不"隶属于"某一门课程。这些任务也不是根据教学过程的环节提出的。有的教学任务可能是了解客体的外貌。有的教学任务则可能是研究各现象之间的联系和依从性，而这些联系和依从性本身不是能直接被领会到的。这些是本质上互不相同的两类教学任务。

关于教学任务的问题还应从另一个角度来分析。对教学中提出的任务，通常只从掌握知识和技巧的方面进行解说。至于学生的**发展**，在教学论著作中提到的必须致力于学生的发展的一般号召，在研究教学任务时并没有得到体现。教学的任务应当首先而且主要是掌握知识和技巧，这大概是无可怀疑

---

① 达尼洛夫：《苏联学校的教学过程》，莫斯科，教育书籍出版社，1960 年版，第 49-50 页。

② 佩罗夫斯基：《教学中的方法问题》，载《苏维埃教育学》1956 年第 12 期。

的。但是，我们对教学与发展问题的研究①证明，关于尽可能使儿童达到较高的发展水平，应当在教学大纲及教科书中，在教学方法中，当然也应当在于教学过程中提出的任务中做出专门的规定。

研究教学任务、教学方法和达到的效果之间存在的客观联系是非常重要的。不做这种研究，在揭示教学过程的规律性方面未必能取得成效。

然而，教育学参考书往往混淆各种不同的教学任务，并且忽略教学的任务与方法之间的联系。例如，叶希波夫曾就小学教学的实验体系发表了意见，他认为奇怪的是，小学生在写作文时不制订计划，而在劳动课上制作某种物品时则特别重视制订计划。②

其实，在以上两种情况下，任务是完全**不同的**。在写作文时的任务是：要使儿童掌握通过自己运用得比较娴熟的词语表达自己思想感情的技能。写作文时事先不制订计划，这是使作文能别具一格的条件，只有在形式多样而正确地使用丰富的语言时才不会失去每个学生的个性。要使叙述有逻辑，不能靠形式主义的训练，而是要靠儿童自己琢磨各种现象或各种思想之间的联系。

在劳动课上要做的物品是以零件的形式给学生的。物品的制成可有两种途径，要么是通过模仿教师的演示，要么是依靠独立设计。我们选择了上述的第二种可能。教学任务就是据此提出来的，它是要使儿童掌握这样一种能力：能把察看发给的样品和计划面临的工作联系起来，这也是为了发展儿童的观察力、空间表象和自我检查的能力。

把根本不是同一种类的教学任务混为一谈的例子并不少，这里再举一例。巴拉诺夫在评论三年级的课上对马科夫斯基的油画《躲避暴风雨的孩子》的分析时，抱怨"教师提出的 29 个问题中，只有两个问题是为了复现学生的个人经验。其余 27 个问题是直接根据油画的内容提出的，没有致力于通过想象把孩子们领到大自然中去的目的"③。

---

① 赞科夫主编：《学生在教学过程中的发展（1—2 年级）》，莫斯科，俄罗斯联邦教育科学院出版社，1960 年版；赞科夫：《小学教学与教学论问题》，载《国民教育》1964 年第 7 期。

② 叶希波夫：《赞科夫体系中的某些教学论原理》，载《初等学校》1965 年第 3 期。

③ 巴拉诺夫：《小学教学中的孩子的感性经验》，莫斯科，俄罗斯联邦教育科学院出版社，1963 年版，第 42 页。

其实，上述场合完全没有必要"复现学生的个人经验"。在分析这幅油画时，教学任务的安排是有意识地要跟小学教学法中采用的标准做法背道而驰。标准的做法是：教师要根据这幅画促使儿童回想起自己过去经验中的各种印象，产生尽可能多的臆想，等等。我们在上述那节课上提出的任务是：要在感知造型艺术作品的基础上充实儿童熟悉的自然现象的表象。在这里最重要的是理解和体验复杂的艺术形象，为此必须让儿童细看并分清油画的各个细节，理解它们之间的联系。这也是发展儿童的观察力所必需的。所以，巴拉诺夫认为万能的标准教学法在这里是根本不适用的。

对实际上是多种多样的教学任务不加区别，而且忽略教学的任务与方法之间的联系，都妨碍着深入地研究教学过程的理论，也给教学实践带来重大损失。例如，做衣服不分清要做什么，是裤子呢还是上衣，在做裤子及上衣时如果用了同样的方法，这就会既做不成裤子，也做不成上衣，缝制出来的将是某种不知是什么的东西。在教学中也有某种类似的现象，例如对教学任务不加区别，不了解教学的任务与方法之间的联系，其结果是得不到良好的效果。

教学的方法及其在教学上的作用

有些教学方法**从外部**或从表面上看，使人觉得好像是**相似的**，或者甚至是**相同的**，但是，如果**联系**这些方法所服务的教学**任务**做一番认真的分析，会发现其实它们有着**明显的**不同。我们将以小学的数学教学为例来说明这一点。

在教育与发展实验室进行的实验研究中，曾经提出并在实践中实施了某些教数学的方法。这些方法是小学教学的实验体系的一部分。大家知道，实验体系首先是为了在小学生的一般发展方面取得尽可能大的效果。体系的这一组成部分是参考其他作者以前进行过的研究而制定的。我们指的是以下内容：在小学里讲授加法和乘法的交换律，加减之间和乘除之间的互逆关系，小学的代数原理。

由埃麦诺夫主编的《算术教学法》曾经指出，加法和乘法的交换律完全适合一年级学生学习。书中建议编制专门选配的例题，给孩子们讲解加法交换律，用它说明表示数量的字母符号；还建议让孩子们做这样的作业：寻找可以得出同一个和的几对加数，等等。①

后来，女教师什科季娜进行了关于一年级学生在算术课中形成概括的研究。例如，什科季娜研究了关于儿童解释加法交换律的问题。一年级学生通过具体的例题观察交换律的作用，然后在教师帮助下得出这一规律。孩子们说："数字的位置不一样，而答案是一样的""答案都一样，只是数字换了位置"。②

指导什科季娜进行研究的敏钦斯卡娅指出，这项研究想要解决的不是这样一类具体的教学法问题，而是通过第一学年算术课程的哪些部分的学习能使学生形成概括。同时，什科季娜也说，形成这类概括是为了扩充儿童的知识，提高运算操作的掌握质量。

在一年级算术教学的过程中，努力引导儿童形成某些概括，无疑是正确的。这种做法与传统教学法有很大不同，后者在一年级算术教学中所要做到的只是让儿童掌握运算技巧，通过千篇一律的重复，学会很少几种解应用题的公式化方法。

如果注意到教学过程中应使儿童的一般发展取得成效，最好是让学生在开始学习加法时就**清楚了解**加法交换律，并在以后掌握加法时顾及这个规律。

这种做法说明我们提出的教学法跟上述零散的教学法发现是有区别的，后者的特点是对加法交换律的了解没有达到理解这个规律并能对它进行确切表述的程度。

埃尔德尼耶夫认为不仅在一年级，而且在二年级时，对加法交换律做出表述也为时过早。他写道："在二年级不应当问什么是交换律，但是，教师说'请运用加法交换律'，这是可以的，也是有好处的（乘法交换律也是如此）。"③

---

① 埃麦诺夫主编：《算术教学法》，1940 年版。
② 敏钦斯卡娅：《算术教学心理学》，莫斯科，教育书籍出版社，1955 年版，第 207 页。
③ 埃尔德尼耶夫：《积极地、有创造性地、省时省力地讲授数学》，载《国民教育》1962 年第 9 期附刊。

我们的小学算术教学的经验证明，一年级学生能清楚了解加法交换律及其表述（乘法交换律也一样）。在这个规律的基础上，儿童能有成效地学习算术运算，并且编制和掌握加法表与乘法表。

早在学生学习 10 以内的加减法时，我们就特别重视使学生了解加减运算之间的互逆关系。在以后学习乘除法的时候，甚至不仅在一年级，而且在小学的后几个年级里，都一直恪守这一教学观点。

关于在算术教学的初期如何反映出四则运算的联系的问题是很久以前提出的。科托夫研究过在二年级将表内乘除法并行地学习的一种方案，许多教师在 1955—1956 学年和 1956—1957 学年进行了实验，对这个方案做了验证。科托夫道："总之，含有固定**被乘数**的乘法表同时可以联系**两种**除法表：除以已知数（即含有固定**除数**）的包含除法的除法表和含有固定**商**（不是除数）的等分除法表。"[①]

埃尔德尼耶夫也曾经论述过小学里平行地学习互逆的算术运算的经验。这位作者把这种学习看作两种运算的对照[②]。

但是，问题的实质并不是在于**泛泛地**采取平行地学习这些运算的做法，而是在于**究竟如何**进行这种学习，它的积极意义是什么。应当探讨的问题是：在学生学习算术时，应将对互逆运算进行对比放在什么地位。

非常流行的一种观点认为，利用互逆的算术运算之间的联系可以简化运算。例如，我们在波利亚克的一本教学法著作中看到："显然，即使在减去一个不大的数时，孩子们也很难记得住，减去几之后还剩几。所以，最好是把许多减法题看作相逆的加法题。求余数的办法最好是：找出一个与减数相加而和等于被减数的数（7-4=3，这是因为 3+4=7，余类推）。正运算比逆运算容易得多。因此，最好是尽可能常常用加法来替代减法。"[③]

我们在科托夫的著作中看到另一种稍有不同的观点，他认为平行地学习表内乘除法的问题"是从学习的主要目的出发的，学习这部分算术的主要目

---

① 科托夫：《学习表内乘除法的体系和方法》，莫斯科，教育书籍出版社，1958 年版，第 14-15 页。

② 埃尔德尼耶夫：《积极地、有创造性地、省时省力地讲授数学》，载《国民教育》1962 年第 9 期附刊。

③ 波利亚克：《小学算术讲授法》，莫斯科，教育书籍出版社，1959 年版，第 163 页。

的是最合逻辑和最简便地**学习**乘法**表**和除法**表**本身，让学生最简便和最牢固地**记住**这些表，同时也是从混合地解乘除法应用题的原则出发的"①。

实验证明，有联系地学习各种互逆的运算，跟孤立地学习各种运算相比，在上述各方面确有其一定的优点。我们无意贬低这种方法对于学会运算，对于学习和牢固地记住乘除法表所起的作用。但是，我们认为这不是主要的和起决定作用的事情。

我们在研究的最初阶段就特别重视让学生理解互逆的算术运算之间的联系②。这样做之所以必要，主要是为了使算术的学习最充分地有利于儿童的发展。我们也完全了解具备牢固的运算技巧所起的作用，但还特别重视算术学习的认识方面。让学生理解算术运算的相互关系是非常重要的，理解这种相互关系是学生掌握算术这门数学学科的最重要因素之一，对儿童的发展具有重要意义。

由此可见，我们的教学法所持的原则完全**不同于**以上提到的那些解说，它们对于利用互逆的算术运算之间的联系问题，都是把重点放在掌握**技巧**或者记住乘除法表上的。

我们的观点和埃尔德尼耶夫提出的教学方法之间同样有着重大差别。

埃尔德尼耶夫反对孤立地学习互逆的算术运算，主张最好是平行地学习这些运算，但他认为关键在于"交替对照相应的概念和运算（即在同一些课上同时学习）"。例如，同时进行加 1 和减 1 的运算（$6+1=7$，$7-1=6$）。③埃尔德尼耶夫叙述了这种方法在一年级学习 20 以内的加减法时的应用，并且列举了一年级学生解答的各种例题。他指出，实验班解题时的错误数量比对照班少得多，这就是交替对照法的教学效果的标志。

当然，不应低估这种效果的意义。埃尔德尼耶夫对改进算术教学法的尝试，正如上面提到过的科托夫提出的方法一样，无疑是正确的，而且是值得重视的。埃尔德尼耶夫提出的方案是在交替对照的条件下平行地学习互逆的算术运算。

---

① 科托夫：《学习表内乘除法的体系和方法》，莫斯科，教育书籍出版社，1958 年版，第 21 页。
② 赞科夫：《一年级算术教学中的新事物》，莫斯科，教育书籍出版社，1964 年版。
③ 埃尔德尼耶夫：《数学教学中的正逆联系的作用》，载《心理学问题》1962 年第 6 期。

尽管科托夫和埃尔德尼耶夫的教学方法之间有着差别，但是这些方法的目的同样都只局限于掌握运算的**技巧**。它们不仅不重视据以形成运算技巧的数学概念和依从性，而且交替对照法本身足以证明埃尔德尼耶夫的教学方法在算术教学中是为了掌握技巧。严格遵照他坚持的交替法做互逆的算术题（9+2＝11，11-2＝9），不去分析其中的本质联系，这首先而且主要是对于形成加减法的技巧起作用的。正如前面已经指出过的，我们对算术教学法的改造，其目的是使学生达到较高的**一般发展**水平。

让儿童通过活跃的和探索性的思考、推论、论证与对比来阐明所学现象的各个方面，这不仅有助于掌握概念，而且有助于掌握技巧。思维活动是很复杂的，为了认清互逆的算术运算之间的联系，完全没有必要在同一节课上用依次交替运算的办法来做加减和乘除的对应例题（而这是埃尔德尼耶夫教学法中的重点）。如果一个接着一个地做这类例题，那么问题的实质就并不在于埃尔德尼耶夫所主张的平行地交替完成运算，而是在于**认识互逆运算之间的联系**。

在我们的实验体系中，认识互逆的算术运算之间的联系，是跟学生理解加法和乘法的交换律紧密结合的，也是跟运用代数符号概括地写出这些规律紧密结合的。我们把所有这些方法结合起来使用，完全是为了使学生尽可能比较深刻地理解相应的联系和依从性，从而使学生的思维活动向较高水平的抽象和概括转化。

当儿童积累了运用加法（以后是乘法）交换律的经验时，应当引进用代数符号写出的这些规律的公式。

达维多夫曾经提出把代数原理引进小学教学。他主张在开始讲授数学的时候，首先应当向孩子们揭示客体的数量评定的特性。这种特性可在儿童本身的某种活动中，即在对客体的比较中显现出来，活动可揭示"等于""大于""小于"这类关系以及调节这类关系的规律性。

达维多夫根据这种观点编制的一年级数学教学大纲，是从"第一节：量的比较"这一专题开始的。比较的结果，开始只用符号记下来，然后用符号和被比物品的图画呈现，最后则用符号和字母（公式：А＝Б； А＞Б；А＜Б）表示。之后的专题是："第二节：等式的破坏和保持。引入加减运算""第三节：近似""第四节：等式各项之间的依从关系"。

这些专题是在一年级第一学期学习的。在这个阶段所用的**只是字母的符号。数字和数数**要在第二学期才开始学①。

达维多夫进行的实验有一定的意义，但我们走的是另一条路。我们利用代数符号和代数式所依据的是另一些教育科学原理。正如上面已经说过的，在我们的实验中，改造教学的目的是教学要使学生的一般发展取得优良效果。实现这一任务要求儿童在其学习活动中有尽可能大的独立性。因此，必须牢牢依靠儿童在入学时已有的经验。而儿童入学前的经验（比如说"数学经验"）是跟数字和数数紧密联系着的。

如果考虑到这些情况，很明显，达维多夫提出的教一年级学生的数学教学法，对于实现**我们拟订的任务**是不适用的。在实行他的方法时，灌输到一年级学生意识中的是反映数量之间的一般关系的公式。教学没有依靠儿童原有的"数学经验"，而且回避这种经验。此外，数字和数数是在数量之间的一般关系的基础上，即在跟一年级学生原有的观察和表象格格不入的基础上开始得到学习的。

在我们的实验里，引进字母符号是为了使学生通过数字材料获得的规律性认识转化为较高水平的概括。这在学习 10 以内的加减法时就可以做到。

孩子们自己能举出说明加法交换律的各种算题。教师把这些算题写到黑板上，把孩子们的注意力引导到这样一点上：算题中的数字各不相同，但是不管用什么数字，所学的规律在一切场合都起作用。教师再进一步说，可以用字母 А、Б、В 来代替数字。于是，就可以把所学的规律写成：$А+Б=В$，$Б+А=В$，$А+Б=Б+А$。然后教师把原来写在黑板上的所有数字都擦掉，只剩下字母公式。让孩子们抄下这些公式，并用各种数字来替换字母；这时，每一名学生都有了许多例子，可用来说明以一般的字母公式表示的加法交换律。

乘法和除法的学习也是根据我们上面说的关于加减法的那些基本原则进行的。在孩子们学了乘法之后应立即提出"乘数""积"这些术语。当学生

---

① 达维多夫：《小学里引进代数原理的经验》，载《苏维埃教育学》1962 年第 8 期。

累积了一些相应的观察经验时，应引导他们得出乘法交换律。

最好让孩子们自己表述规律，即使不完全确切也无妨（教师可予以指导）。然后把这一规律用代数式写出来（А × Б = В，Б × А = В，А × Б = Б × А），这时，孩子们对它就有了比较深刻的理解。

教学方法及其效果之间的联系

在能够比较详细地分析学生的**活动**的条件下，研究所用的教学方法和得到的效果之间的联系，也有很大意义。例如，在做实验室作业时就可进行这种研究。这类作业是有利的材料，因为在这里有学生的实际活动，或者说，因为他们的学习活动好像是露在外面的[①]。

基柳什金曾经组织并叙述过一次实验作业，它是化学课中的一次实验（七年级）："在什么水（冷的或热的）中能溶解较多的硝酸钾？"这项作业是由每名学生单独进行的。实验活动由两部分组成：①装配做实验必需的器具；②做实验。装配器具特别有利于我们要进行的分析，因为这部分作业有很多具体动作。

把做作业的全体学生分成两组。第一组学生（下称 А 组）根据不加口头解释的演示（一号指示）来装配器具。第二组学生（下称 Б 组）则只依据教师的口头解释而非演示（二号指示）来装配器具。

每名学生不管他属于哪个组，在开始做作业时都先由教师做口头说明，它是这项实验活动的导言。教师说的内容如下："大家知道，有许多固体物质都能溶解于水。有些固体物质较易溶解，另一些不易溶解。由于水温的关系，在同样数量的水中有可能溶解不同数量的同一种物质，例如有些物质在热水中溶解得较多，另一些在冷水中溶解得较多。这次实验的目的是要弄清楚：在什么水（冷的或热的）中能溶解较多的硝酸钾。为此应在任意数量的水中一点一点地加入硝酸钾，加到它不能全部溶解为止。然后将得到的溶液加热并进行观察，没有溶解的硝酸钾的数量是在增加还是在减少。"

[①]　赞科夫：《教学中的直观性和学生的积极化》，莫斯科，教育书籍出版社，1960 年版。

然后教师开始向学生介绍这次实验要用的设备用品。教师展示并说出下列物品：支杆、支杆的底盘、连接杆、连接器、铁圈、石棉网、夹具或带爪的器具、酒精灯、小烧瓶、搅拌棒。

教师在运用一号指示时，说完导言之后就演示器具的装配。

在 Б 组学生单独做作业时，教师只做口头解释，说明应如何装配器具。每人的作业都要做详细的记录。作业结束后，每名学生要做口头报告，说明他是怎么装配器具的。

在分析作业记录的过程中查明每名学生遗漏了哪些操作。然后算出每名学生遗漏的操作的算数平均数，算出它占根据教师的口头解释或演示应做操作总数的百分比。

结果是：当学生在只看演示而没有得到口头解释的情况下装配器具时，平均每人遗漏 3.4 项操作，占应做操作总数（13 项）的 26%。在教师只做口头解释而不做演示的情况下，学生在装配器具时平均每人遗漏 1.8 项操作，占应做操作总数的 14%。

由此可见，对于学生完成活动来说，孤立的口头解释比孤立的演示有作用。

为了详细分析这些差别的实质，学生曾用第三种方法做了实验作业。这时也跟做上述实验作业时一样，教师要展示学生用来装配器具的设备用品。展示一件问一件：它叫什么，有什么用。如果学生不能回答，由教师说出这些用品的名称和用途。

用这种方法做实验作业时的特点是：教师完全不向学生说明器具的装配应有哪些操作。学生要自己根据做实验应回答的问题，根据实施实验的一般论述找出应做的操作。指出要把烧瓶内的溶液加热到 50℃，这是学生的任务，学生应根据这一任务把器具装配好。

用这种方法做实验作业的结果如何呢？学生在装配器具时平均每人有 5.8 项操作没有进行，占应进行的 13 项操作的 45%。现在让我们对上述事实做一分析及解释。

我们先谈谈演示对于学生完成手工操作的作用。在教师演示装配器具时，学生通过视觉感知到教师的相应动作。学生是通过视觉途径知道动作之后才自己做出类似动作的，这一事实的基础是视觉分析器细胞和运动分析器细胞之间的条件反射联系。

巴甫洛夫在研究随意运动的问题时谈到过有这种联系："……皮质的动觉细胞跟皮质承受一切外部影响和反映机体各种内部过程的所有细胞可能都有联系，而且确实是联系着的。"[①]

但是，具体的动作在不做演示的口头解释的基础上也能完成得很好。这种结果可从语言在完成具体动作中的作用的理论和事实方面进行解释。这是基于巴甫洛夫关于两种信号系统相互作用的理论，根据两种信号系统，语言跟直接的直观刺激物是有联系的，并能概括这些刺激物，语言作为"信号的信号"，也能代替这些刺激物。

许多作者根据专门的研究，十分强调自觉的检查和通过语言所了解的运动表象在完成动作时的作用。这些作者有：鲍依科、古里亚诺夫、普尼、佩伊斯卡娅、苏沃罗娃、切列夫科夫等。

当教师不做演示而只做详细的口头解释时，学生就有了教师用口头指点说明的动作的表象，这是正确装配器具的条件。学生遵照这种解释很少遗漏操作（比例是 14%），这一事实证明存在着这类表象。

但是，因为在我们上述的实验作业中，学生是第一次做实验所需的大量动作，例如，把连接器固定到支杆的连接杆上，把烧瓶的颈用夹具固定住，等等。在这种条件下，怎么解释学生已有了完成所需动作的运动表象呢？对这个问题可以回答如下：构成新动作的类似操作，学生在过去的日常生活中、劳动作业中，以及体育运动等活动中是做过的。例如，学生大概都拧紧或拧松过螺丝；改变过物品的空间关系，即做过卸下和套上以及移动等操作。

因此，装配器具时的新动作乃是这些操作的不同于寻常的形式。还有一个更为重要的问题是，器具的装配有一定的内容。即只包括这些动作，而不包括别的任何动作；并有一定的结构，即完成动作应按必要的顺序。

---

① 巴甫洛夫：《巴甫洛夫全集（第三卷 第二册）》，莫斯科-列宁格勒，苏联科学院出版社，1951 年版，第 317 页。

这个问题有助于解释用第三种方法做实验作业的结果。用第三种方法时，教师不做有关装配器具的指导，只是说明当前实验的任务和要领。在这种条件下做实验有很多不明确的地方。既然学生在日常生活中有过他应做的各种动作的表象，那么究竟还有什么地方不明确呢？问题就在于学生没有能力预见到，根据他面临的泛泛的任务（为了弄清在什么水——冷的或热的——中能溶解较多的硝酸钾，必须把烧瓶内的溶液加热），要做的动作到底有哪些，并应按什么顺序进行。

学生根据提出的任务不能计划出实验的实施过程，这不仅表现在他没有做应是实验组成部分的许多操作，而且表现在他着手进行某些操作时，没有做在它之前应做的一些操作。因为这项实验提出的问题是弄清在什么水（冷的或热的）中能溶解较多的硝酸钾，此外，因为教师的指示中说，应把烧瓶内的溶液加热，所以，正确地完成实验是应把器具装配好，以便把已经溶解在水中的硝酸钾加热。可是学生没有这样做，一开始就去溶解硝酸钾。

其次，本来应当把酒精灯放到支杆的底盘上，点燃它，用以确定把铁圈固定在什么高度，可是学生没有这样做，他们一开始就装上面的套住烧瓶颈的连接器。后来学生发现这个连接器装得太低，并且开始移动它。但是，因为下面那个带铁圈的连接器的高度并没有用点燃酒精灯的办法事先核定过，后来当学生开始要把烧瓶内的溶液加热时，结果发现上述连接器固定得要么是太高，要么是太低，不得不重新移动它们。

由此可见，对以后的操作预料或事先考虑得非常差，这是装配器具时的主要缺陷之一。在开始做实验之前，学生想象不出这次实验的轮廓。只有当他发觉不可能完成某项操作是因为没有做好制约它的另一项操作时，他才开始注意到各部分的各种操作之间的联系。

学生心理活动的这些特点是他用第三种方法做作业时遭到失败的原因，这些特点可归咎于学生的发展水平太差。我们研究小学生的发展所得到的结果证明这种解释是正确的。正如在第一章中已经证明了的，按新体系教的孩子的特点是一般发展的水平高，其中包括计划面临的活动所必需的那些心理活动的特性所显示出的发展。

总之，分析接受不同指示的学生所进行的实验作业证明，教师运用这些或那些教学方法是有其客观的制约性的。教师认识到这种制约性，就可避免徒劳无功地努力去用那些不能带来预期结果的教学方法。

此外，教师也可以有意识地使用一些对学生的发展起重要作用的方法。例如，在日常的教学工作中，第三种方法的实验作业应当继续做。当学生在完成学习作业时遭到了失败之后，要详细分析学生的活动进程，揭示所犯错误及其原因，过了一定时间再布置另一内容的类似实验作业。以后还可以把作业难度加大，从而使学生在发展方面愈来愈有进步。

*　　　*　　　*　　　*

然而，**不应**把以上所说的意思理解为教学任务与教学方法之间的联系是**单一的**。问题的重要性和复杂性是在于解决同一类任务可以使用**各种不同的**方法。试就以下两类任务做一说明：①向学生介绍客体的**外部形状**及其结构；②在**观察**直观客体基础上认识**各现象之间的联系**。

我们的实验室曾经专门研究过使用哪些教学方法可完成这两类任务。我们详细分析了莫斯科及国内其他一些城市的中小学中用到直观教具的各门课的课堂教学。研究了一年级至四年级的讲读课、自然常识课和劳动课，五年级至八年级的植物课、地理课、历史课和化学课。曾经听了使用演示的课和做实验作业的课，研究了工作作风不同的一些教师的课。由于这样安排研究工作，排除了只对我们关心的问题做研究的片面性，找出了上述每一类教学任务和各种教学方法之间的共同性联系。

研究证明，在学校的实践中为完成上述任务，就教师的语言和直观教具相结合而言，有着许多各种不同的方法。若把见到的各种方法做一分析，可以把所有这些各种各样的方法归纳为四种基本方法，我们把它们叫作教学中教师的语言和直观教具相结合的四种形式。

先谈谈教学任务是向学生介绍客体外部形状及其结构时的两种结合形式。

第一种结合形式的特点是：教师借助语言（指示、提问、插话等）指导学生观察，学生在观察过程中，自己从见到的客体中汲取关于客体形状的知识。

我们把另一种结合形式叫作**第三种结合形式**，它与第一种形式完全相反。第三种形式的特点是：学生从教师的口头讲解中获得关于客体形状的知识，而直观教具是口头解释的证明或具体化。

当教学任务是在观察直观客体基础上认识各现象之间的联系时，使用第二种和第四种结合形式。**第二种结合形式**的特点是：在学生对直观客体进行了观察的基础上并且依靠学生原有的知识，教师借助语言引导学生理解并确定各现象中的一些联系，这些联系在感觉过程中是不可能被认识到的。

与第二种结合形式相反，**第四种结合形式**的特点是：从学生正在进行的对直观客体的观察出发，教师亲自讲解学生直接感觉不到的各种现象之间的一些联系，教师自己做出总结、归纳，讲解各种依据。①

首先应当指出，完成同一类任务可以使用彼此完全不同的教学方法。可是在这里提出了一个极为重要的问题：使用完全不同的方法所得到的效果如何？

我们可谈一下使用第一种和第三种结合形式的效果。我们以五年级植物学课程中的"叶的外部结构""叶在枝条上的分布"这两个专题的几节课为材料。在比较全面而详细地对比学生的知识质量之后证明，在其他条件相同的情况下，使用第一种结合形式的效果要比采用第三种结合形式大得多。无论是知识的完整程度，还是知识的准确程度都高得多。在学习地理和历史教材时，使用第一种和第三种结合形式的效果也有这种差别。

这就揭示出了**一般的规律性**：在向学生介绍客体的外部形状及其结构时，教师的语言与直观教具相结合的第一种形式比第三种形式有更大的效果。这一规律性反映了教学任务、教学方法及教学效果之间的客观联系。

应当强调指出，这种一般规律性由于它所处的条件不同而有不同的反映。这些条件之一乃是教材的性质，它要求学生做较多的还是较少的精细分析。在"叶"这一章教材（五年级植物课）中就有这种典型的区别。

我们先看关于叶的外部结构的材料。叶片和叶柄能很清楚地被感觉到是叶的完全不同的两个部分，要分清它们无须任何精细的观察。叶在枝条上的分布形状（对生分布、互生分布、轮生分布）根据直观形象的突出特点就可

---

① 赞科夫：《教学中的直观性与学生的积极化》，莫斯科，教育书籍出版社，1960 年版。

以分类，而且，每一种叶序的差别很大，可以清楚地跟另一种进行对照。各种脉序（网状的、对称的、弧状的）的形状也同样有很大差别。

在学习叶的内部结构或细胞结构时，教材性质的特点就完全不同。在这里无法进行叶的外部结构特有的在客体的空间分布和形状方面那样的明显对比。相反，叶的细胞一眼看去是同样的物质。为了从中区分出细胞膜、栅状组织和海绵组织、细胞间隙和气孔，必须仔细看出各种细胞形状的不大明显的差别，看出细胞的空间分布等。

总之，在了解叶的外部结构时，学生对客体的分析可以比较粗糙，而在学习叶的内部结构的过程中，则要做精细的分析。

这说明教材内容对学生的智力活动有着不同的要求，我们从这种要求的角度评定了教材的特点之后，将对**教材不同的**一些课上使用第一种和第三种结合形式的**效果**做一比较。在同一些班级里，既上了学习叶的内部结构的课，也上了介绍叶的外部结构的课。某校五年级（以下简称五甲）曾经广泛使用语言和直观教具相结合的第一种形式，而在另一学校的五年级（以下简称五乙）则只用了第三种结合形式。应当强调指出，在介绍叶的外部结构的课上和在学习叶的内部结构的课上，这两种结合形式的使用频率基本上一样。

我们可以对说明学生的知识质量的差别做一比较。表 3-1 是学生的正确答案和错误答案的总数（以及没有回答的数量）。

两个平行班的学生的知识质量的差别，在前一类课上比在后一类课上大得多。因此，第一种结合形式在上课内容为学习叶的内部结构时（这里要求对客体进行**精细的**分析）的效果，比在内容为介绍叶的外部结构时（这时只需进行比较**粗糙的**分析）**好得多**。

表 3-1 课后个别谈话时的各种答案数量

单位：个

班级	有关叶的内部结构			有关叶的外部结构		
	正确答案	错误答案	没有回答	正确答案	错误答案	没有回答
五甲	42	2	11	23	6	26
五乙	36	1	13	26	3	21

在小学生了解客体外貌时，语言和直观教具的第一种和第三种结合形式的效果，也有这种程度上的差别。

实验班学生掌握知识和技巧

反映掌握知识和技巧的实际材料是在多年进行的广泛研究过程中汇集的。我们拥有俄语、数学、自然常识、历史、劳动、图画和唱歌等课程的掌握知识和技巧的资料。所有这些资料都说明，实验班学生在掌握知识和技巧的质量上胜过普通班的同年级同学。

现将实验班和普通班学生在学习"非生物界"时的一些答案做一比较。

问　题：怎么使浑水成为清水？

塔尼亚（四年级普通班的优等生）：我们可以把浑水通过吸墨纸倒到另一个杯子里，就成了清水。脏水渗进吸墨纸里去了。

加丽亚（三年级实验班的中等生）：这需要过滤器，它可用吸墨纸做成。我们把浑水倒入过滤器，沙子和泥土都留在过滤器内，清水就出来了。

再看"自然界中的水的循环是怎么回事？"这一问题的答案：

加利亚（四年级普通班的优等生）：水往上空升，然后集中成云再掉到地上。

萨　沙（三年级实验班的优等生）：在有阳光的日子里，太阳晒得发热，水就蒸发成雾。这在白天看不清，而在晚上能看得清。当雾上升之后就变成云。风吹云动。云冷却之后，它们就变成了水，雨就降到地上。下雨以后有一部分水渗入地里，一部分通过小溪小河流到大河大海里。而且总是这么重复进行，所以叫循环。

上述答案说明了被比较的两班学生在知识掌握上的某些特点。普通班学生掌握的知识是模糊的、粗略的，没有反映出正确的相应现象（"水往上空升"），甚至达到严重歪曲所得事实的程度（"脏水渗进吸墨纸里去了"）。

在普通班里是按照传统教学法的要求进行教学的，所以实验班的学生与普通班的学生不同，前者的知识的特点是有理解的，而且是翔实的。通过学生的答案可以清楚地看出，实验班学生对所学的各种现象及它们之间的联系是有正确理解的。儿童能灵活而合乎逻辑地叙述出他现有的知识，并不惦记着要记住教科书中的措辞。

历史知识的掌握也有很明显的特点（丘特科的研究）。在小学时按照传统教学法进行教学的六年级普通班的学生和曾经按照教育与发展实验室的体系进行教学的五年级实验班的学生，学了同样的历史课文。历史课文的特点是有逻辑联系，并且反映出某些事件受另一些事件制约的性质以及各种事件在时间上的连续性。能保持课文中原有的各种事件之间的联系，这说明掌握了历史知识。

表 3-2 所示是复述的成绩（各类复述占所指定课文的复述总数的百分比）。

表 3-2　两个班学生的复述成绩

单位：%

班级	合乎逻辑联系的复述	逻辑联系紊乱	
		误差不大的复述	很不合逻辑的复述
五年级实验班	94	5	1
六年级普通班	30	48	22

如表 3-2 所示，实验班学生与普通班学生之间有很大差别。在复述历史课文上的差别说明，实验班学生对历史知识的掌握是高质量的。他们在复述课文时表现出，领会所学教材很敏捷，对教材内容是理解的，对内容各部分之间的联系是明白的。

下一个问题是技巧的掌握情况如何？我们可列举一些反映掌握正字法技巧的具体材料。实验班学生的优越性不仅表现在他们听写的平均错误数量比普通班学生少得多，而且从一份作业出现几个错误的角度来比较各班作业的质量也很能说明问题。表 3-3 所示是无错或含有若干错误的作业的数量占该班作业总数的百分比（莫斯科第 172 学校的四年级实验班和五年级普通班的学生做了同一内容的听写作业）。从表中可以看到，实验班几乎有一半听写的作业一个错误也没有。五年级普通班只有极少数作业没有出现错误。

表 3-3　两个班学生的作业情况

单位：%

班级	无错	错 1—3 处	错 3 处以上
四年级实验班	46	38	16
五年级普通班	7	63	30

比较听写中和作文中的错误数量是很能说明问题的。毫无疑问，作文比听写能更确切得多地反映出真正的正字法技巧水平。在写同一题目的作文时，三年级实验班学生的平均错误率（错误数占作文平均总字数的百分比）是 3%，而普通班学生是 7%。

在整个小学教学期间都可看到实验班学生的明显的优越性。这种优越性在教材变得复杂得多的五年级时也保持了下来，表 3-4 可证明这一点，表中是听写的错误数量（每名学生的平均错误数）。

表 3-4　每名学生听写的平均错误数

单位：个

班级	二年级	三年级	四年级	五年级
实验班	1.2	1.6	1.7	1.9
普通班	1.3	3.5	3.6	3.0—4.1

之后的检查也得到同样的结果。例如，1964 年 4 月根据俄罗斯联邦教育部的安排，省国民教育局的视导员在图拉市和加里宁市一些学校的实验班中做了一次检查。检查内容有听写、看图作文、算术应用题和劳动作业。所有作业的难度都很大，共在 18 个班级中做了检查。为了比较，让有经验的教师执教的一些普通班的学生也做了同样的作业。实验班各项作业的成绩都比同年级普通班高，而且往往比高一年级的普通班高（例如，二年级实验班与三年级普通班相比）。三年级实验班学生和四年级普通班学生的几何作业成绩是最有代表性的。

下面列举一些事实。表 3-5 所列的是每名学生听写的平均错误数。

表 3-5　每名学生听写的平均错误数

单位：个

班级	平均错误数
二年级实验班	1.3
二年级普通班	10.1
三年级普通班	3.1

在检查中，算术应用题很难，而且学生在学习期间没有做过跟它类似的应用题。因此，在分析答卷时，不仅要看答案是否正确，而且要注意看解题的意图。一部分学生按所需方向做了一些尝试而没有得出答案，这是因为他们来不及把全部解题工作做完，或是在计算上出了错误。这些情况属于部分正确地解题这一类。另有一部分学生的尝试是错误的，表明完全不理解应用题的解题方法。这些情况在表 3-6 中跟放弃解题的情况合为一类。

表 3-6　各班成绩的分类整理

单位：%

班级	得出正确的答案	部分正确地解题	错误的尝试和放弃
二年级实验班	45	34	21
二年级普通班	0	31	69
三年级普通班	13	28	59

从表 3-6 中也可看到实验班学生的优越性。

在完成劳动作业时，学生在着手制作物品之前对面临的操作做出计划安排的能力是很重要的。这方面可分为两类情况：学生能计划出全部操作和只能计划出部分操作。表 3-7 就反映了这两类情况。

表 3-7　劳动作业执行情况的分类整理

单位：%

班级	计划出全部操作	计划出部分操作
二年级实验班	63	37
二年级普通班	36	64
三年级普通班	40	60

许多实验班在 1964—1965 学年末进行了考查。一年级学生写了题为"春天来了"的作文，二年级的作文题为"春天和夏天"，这两个年级的学生还都做了算术应用题。

让我们列举一些说明实验班学生正字法技巧水平的材料。先看一年级，我们曾经详细分析了莫斯科市、喀山市、图阿普谢市、卡什塔库尔甘斯克市等地一些学校的作文。

平均错误数（只计学过的规则）是每名学生 0.5 个。

再看二年级，我们详细分析了高尔基市、顿河畔罗斯托夫市、图拉市、伏尔加格勒市、乌苏里斯克市等地的学校，以及古比雪夫省、高尔基省、莫斯科省和鄂木斯克省的村镇学校的作文。平均错误数是每名学生 1.5 个。大家知道，作文中的正字法错误一般要比听写中的多得多，可是根据图书资料的记载，三年级听写中的平均错误数是每名学生 2.3—2.9 个。

由此可见，实验班显示出很高的正字法技巧水平。

以下谈谈解算术应用题方面的一些材料（学校同前）。在一年级实验班中有 80% 的学生做出了正确的答案，其余 20% 的学生正确列出了算式，但在计算上有错误。在二年级有 95% 的学生做出了正确的答案。

1965—1966 学年末，在俄罗斯联邦的许多边区和省的大量实验班中进行了听写测验。听写的成绩是：阿尔泰边区的 54 个一年级的听写平均错误数是每名学生 1.5 个，高尔基省的 29 个一年级的听写平均错误数是每名学生 0.9 个。

应当指出，实验班俄语课的周学时，从一年级开始就是 9 课时，而不是通常的 11—12 课时。此外，难度比普通班的大的教学大纲，不是用四年，而是用三年时间学完的。由此可见，形成正字法技巧所花费的时间比在传统教学法条件下少得多。

我们再概括地谈谈音乐知识和技巧的掌握。实验班里十分重视音乐课，这符合实验体系的整体性。这里的主导方针是形成音乐听觉表象。音乐听觉表象的灵活性是在教学过程中逐步形成这种表象的基础。

教学的结果，实验班学生的进展如何呢？

我们把实验班学生完成两项作业（用听写法记录音高和节奏，在音阶上

"反复唱")的成绩列举如下。

（1）听写的作业包括：首先记下所听到的旋律的音高，而后写出旋律的节奏型。这项作业相当难，要求学生自觉运用音乐听觉表象。

参加听写的 17 名学生中，有 6 人得优，8 人得良，3 人及格。

（2）在音阶上"反复唱"（级进进行与主三和弦音的进行），有 11 人得优，3 人得良，3 人及格。

我们曾对一些学生的进展情况进行过细致的观察，后来对他们进行了测验。测验表明他们的进步很大。例如，米佳在一年级时，即使在钢琴伴奏下也不能较为准确地唱简单的歌曲，到二年级末，他无须乐器伴奏就能正确地唱歌，并能准确地分清全音和半音。这名学生也能出色地按乐谱唱歌，分得清大调三和弦音与小调三和弦音，能根据某一个音唱出这些三和弦音。

掌握知识和学生的发展

教学论中相当详尽地阐述了使知识和技巧的掌握达到预期结果的途径、方法和手段：教学原则、学生积极学习的诱因、教学的方法、巩固的方法、知识的检查、上课、家庭作业等。至于在学生的**发展**上下功夫，教学论著作的作者说到了教学对于学生智力发展的影响的一般性结论，并就一些教师的经验探讨了在发展上下功夫的某些问题。[①]

在教育与发展实验室进行的研究中，掌握知识和技巧被看作教师各方面工作的结果，各方面的工作不仅是为了传授知识和训练技巧，而首先是为了学生的一般发展。我们适当地区分了掌握知识和技巧的直接途径与间接途径。直接途径是指学生获得某门学科的一定的知识、做一些掌握该学科的技巧所必需的作业和练习。间接途径是指学生在发展上的进展。

当然，问题的实质并不在于某一种教学体系只提到直接途径，而另一种教学体系只提到间接途径。任何教学，其中包括没有专门致力于使学生达到高度发展水平的教学，在发展上都会有某种成效。不言而喻，学校的教学不

---

① 译文参照达尼洛夫、叶希波夫编著：《教学论》，北京，人民教育出版社，1961 年版。

可能不向学生传授一定范围的知识，不可能不做一些直接以掌握知识和技巧为目的的作业和练习。各种教学论体系的区别乃是要看直接途径和间接途径的相互关系如何。

普通小学实践中现行的传统小学教学法跟实验体系的区别，可以作为例子来说明这一点。在传统教学法条件下，由于它没有专门致力于使学生获得高水平的发展，所以直接途径占有绝对优势。按照传统教学法安排的教学，对于发展的影响是自发的。在教育与发展实验室创建的新教学论体系的条件下，间接途径是保证高质量地掌握知识和技巧的必要条件。

间接途径在小学教学的实验体系中的作用，是有具体材料可予以证实的，这些材料说明了学生的发展与掌握知识之间的内在联系。

为了研究知识和技巧的掌握，我们使用了各种研究方法和研究手段。课上的观察占很高地位。对课上的情况尽可能精确地记录下来，然后从这种或那种角度加以分析。我们拥有莫斯科第 172 学校第一个小学实验班教学期间的几乎全部的课堂记录，在教学进程中进行了大量考查。总之，对每一名学生在几年内掌握知识和技巧的情况都做了追踪研究。因此，我们既能说出全班掌握知识的总情况，也能说出单个学生的个别特点。这是非常重要的，因为现有的参考书中所反映的通常只是某一个班掌握知识和技巧的总情况，或者只是优、中、差三类学生的情况。若要研究掌握知识与发展之间的联系，那么弄清楚知识的掌握的**个人**特点就有特别重要的意义。

在这方面，可以对掌握知识和说明学生一般发展的事实进行许多对照研究。我们将深入分析在研究观察力和思维的发展时获得的事实。

为了追踪研究观察活动中的变化，我们在第一学年初和第二学年末让学生做了同样的作业。这种研究程序同样适用于对思维的研究。

下面让我们把两名学生的发展和掌握知识的情况做一对照，这两名学生是：伊戈利，他在发展及学业成绩上是班上的优等生；尼娜，她在班里是最差的学生。①

---

① 研究实验班学生的发展所得的结果，参见赞科夫主编：《学生在教学过程中的发展（1—2 年级）》，莫斯科，俄罗斯联邦教育科学院出版社，1963 年版。

　　第一学年初在观察鸟的标本时，伊戈利主要是从客体的颜色属性方面进行描述的。一年级实验班的大部分学生都这样描述鸟，只有几名学生的观察水平较高，能从各个方面描述客体。但是，伊戈利感知这个物体时比班上许多同学都精细。他描述了鸟体的八个部分，总共说了 13 句话，这是该班的最高纪录。伊戈利指出了相当细微的颜色差别和色彩的转变（"爪子是深棕色的，可是这儿似乎是黄色的""尾巴开头是灰色的，然后是黑色的"）。

　　在研究思维的实验中，伊戈利在第一学年初也不属于最高水平地完成作业的那类人。

　　可是他做指定的作业总是明显比该班许多学生做得好。伊戈利根据提示的样品，实际上正确地按两种标准（形状和大小）选配了几何体，但是他不能论证自己的行动，即没有意识到他是按什么标准选配几何体的。

　　到第二学年末，伊戈利在发展上有了非常明显的进展。例如，在观察客体的过程中，他已能看出各种属性，除了颜色属性之外还能看出其他属性，如形状、大小及其他特点。伊戈利在描述鸟的时候已不是局限于描述鸟体的每一个个别部分，而是能说出一般性的判断。例如，他说："它几乎跟所有鸟一样，三根爪子向前，一根爪子向后。"伊戈利是先做出一般判断，然后把它具体化，而班上的一些学生是在描述许多具体属性之后做出概括性判断的。

　　伊戈利在思维方面也有很大进步。在第二学年末进行的实验中，伊戈利正确地选配了几何体，说明了选配的理由。

　　由此可见，伊戈利在入学后的两学年之内在发展上有了十分显著的进步。如果说他的观察力和思维的发展水平在入学时略高于班内大部分学生的话，那么到第二学年末，伊戈利已经属于在发展上处于或接近于领先地位的人。因此，伊戈利在两学年间的发展进程大大超过了该班的许多学生。

　　伊戈利掌握俄语知识和技巧的事实证明（波利亚科娃的研究），他对许多语法现象能独立地做出概括，对各种个别的知识能做出区分和进行对比。例如，对比名词各种变格法的示格词尾，独立地归纳前缀的书写规则等。伊戈利在按"句子成分""词类"这两方面分析句子时能灵活运用这两类概念。伊戈利的特点是能够找出具有概括性的各种联系，并在运用知识时能够灵活地从抽象过渡到具体（例如，表现在解释单词的正确写法的能力上）。

伊戈利在掌握语法知识上的优良成绩带动了正字法掌握的急速进步。在二年级时，书面作业中每 100 个单词的平均错误数是 4.7 个，在三年级是 2.8 个。以后的平均错误数更少，在四年级是 2.5 个。应该指出，伊戈利几乎完全没有出现由于混淆相似的正字法规则而造成的错误。

如果从伊戈利产生的错误的总数中去掉由于没有学过规则而造成的错误，那么复述和作文中的每 100 个单词的平均错误数（2.6 个）跟听写中的平均错误数（2.0 个）相差无几。对比这两类书面作业中的错误数很重要。在我们的实验班里，写作文前不进行专门的准备工作，不做词汇上的、正字法方面的与内容上的一切准备工作。学生在运用范围广泛的词汇来叙述自己的体会、思想和感情时，常常会遇到一些很难写的单词。如果作文和听写中的错误数量相差很大，这说明学生只是相当肤浅地学会了正确的书写。伊戈利没有这种情况，他在作文和听写中的平均错误数几乎相等。

这一事实还雄辩地说明，伊戈利掌握了按正字法书写的技巧，不仅能运用于集中注意力使用正字法的时候（在听写时），也能运用于主要任务是表达思想感情和描写见闻的时候。

总之，对照地看伊戈利的发展进程以及他对俄语的知识和技巧的掌握情况可以断定，他在发展上达到的成效，体现在俄语教材的掌握上也是显而易见的。伊戈利在头两学年期间在分析和概括的发展上显示出来的巨大进步，是独立地概括语法现象、区分和对比各种个别的知识，以及灵活运用语法概念的基础。很显然，无论是能够找出具有概括性的各种联系，还是在学习语法教材时能够灵活地从抽象过渡到具体，都应归功于伊戈利在发展上的巨大进步。

伊戈利的发展进程尤其是他对正字法的掌握，如果从时间顺序方面对照来看，也说明发展和掌握俄语教材之间存在着联系。伊戈利在头两学年内在发展上有了快速的进步，上面已经说过，在第三学年，伊戈利的书面作业中的错误数量有明显下降。

下面谈谈另一名学生的材料。她是该班发展及学习成绩最差的学生，名叫尼娜。

在第一学年初，就观察力水平来说，尼娜属于班内少数几名不会观察物体、只能做很贫乏且片面的描述的学生。

在研究思维的实验中，尼娜不仅不能够完成任务，甚至连作业本身也弄不明白，根据样品选配几何体的作业做得杂乱无章。她根据提示的样品选配了各式各样的几何体，没有将任何一种标准作为选配的依据，一会儿选一些颜色跟样品相同的几何体，一会儿选一些大小跟样品相同的几何体，一会儿又选一些毫无共同点的几何体（例如，高的红色圆柱体，低的蓝色棱柱体）。

在进行高级神经活动的研究时曾经发现，在尼娜身上，不仅抑制过程和兴奋过程都缺乏灵活性，而且前者比后者占优势。

在第二学年末进行的实验中，尼娜对于观察客体有了很大兴趣。她对客体的分析有了很大改进，表现出竭力想要了解事物的细节。这具体表现在说话的数量有了大幅增加（几乎增加了一倍），还表现为指出了物体的相当细微的属性。

至于思维过程，在这两学年内也有进步。现在尼娜在做选配几何体的作业时，已经没有第一学年初明显表现出的那种杂乱无章的现象。尼娜已能根据样品按一定的标准来选配几何体：为白色的几何体选配白色的，为黄色的几何体选配黄色的，为绿色的几何体选配绿色的。但是，即使到第二学年末，尼娜仍不会做这个作业，因为她不会根据样品按必要的标准选配几何体。

与伊戈利的比较表明，无论是在第一学年初，还是在第二学年末，尼娜与伊戈利在发展上都有很大差距。但是，尼娜在两学年期间经历的发展上的进步是很大的。

尼娜在语法学习中有许多突出的表现。她掌握教材很吃力。在转到学习新材料时，她在一段时间内分不清词汇的各种范畴和各种变化。例如，她不能从一些同族词中找出名词和形容词，分不清变格法的标志，对变格类型和各格名称混淆不清。

至于正字法，尼娜的特点是常常由于规则相似而写错。在二、三年级时写的作文中，平均的错误数量比在听写中多。由此可见，尼娜在二、三年级时的正字法成绩很差是跟分析和概括很差有密切关系的。

在第三学年初，尼娜在语法掌握方面有了很大好转。在四年级，作文和听写中的错误数量大大减少（几乎减少一半）。如果我们回忆一下，在头两学年内，尼娜在分析性观察、抽象和概括的发展上已有重大进步，那么我们可以看到，这种时间上的吻合足以说明一般发展的进展与知识掌握的成绩之间的内在联系。语法知识的掌握过程本身也强化了这种见解。

巴甫洛娃的研究曾经发现，小学生在察看一个单词时，总是要么单从意义的角度，要么单从语法形式的角度来看待，只有最优秀的学生才能把这两方面结合起来。应当强调指出，巴甫洛娃研究的学生是在传统教学法条件下进行学习的。

尼娜在三年级时就能同时从上述两方面察看一个单词了，但是，尼娜其实是班上最差的学生。可见，实验教学确实能使儿童的一般发展得到很大进步。甚至最差的学生也能从两方面察看单词，这在传统教学法条件下是不会有的。

学生在掌握知识和技巧上的进展的性质也值得注意。人们一般认为这种进展是渐进的并在一定程度上是均匀的。我们的实际材料表明，知识的掌握往往是飞跃式的。在波利亚科娃对这个问题的研究中有许多事实可以证明，学生在俄语知识的掌握上的进展就有这种飞跃的性质。下面谈一个这方面的事实。

尼娜在二年级的学年末期，在对属于各种语法范畴的单词进行有条理的分类方面有了很大进步。突出的进步不仅跟一般发展的成效有关，而且也跟俄语教学的进程有关。当时班内集中学习了句子成分的分析。看来，语法学习的这种新的方针有助于理解语法概念之间的内在联系，以前，这些联系在尼娜的意识中是一堆罗列的因素。

说明尼娜在知识掌握上得到很大进展的事实有着重大的意义，因为这个孩子是小学中最差学生的典型代表。在传统教学法条件下，这类孩子在学习上会越来越落后。让后进生做补充作业只会使情况更糟。因为学习上差的学生，特别需要的是在他们的发展上加紧下功夫。他们在掌握知识和技巧上落后的根源，首先是发展水平低，而做大量训练性的练习只会阻碍本来就不能令人满意的发展。

对尼娜的发展和掌握知识的情况的分析，充分证实了这样一个观点：系统地对最差的学生在一般发展上下功夫，不仅在发展上能取得巨大成效，而且也为掌握知识和技巧创造了良好条件。

　　一般发展与掌握知识之间的联系的性质，对于优等生和差等生来说，有着一些类似的特点，但同时也有很大差别。尼娜是在比伊戈利低得多的发展水平的基础上掌握知识和技巧的。到第二学年末，尼娜的发展水平大致相当于伊戈利在一年级初期时的水平。诚然，尼娜和伊戈利学习的是同一种教材，但是，教材的掌握，掌握的深度，更主要的是实际掌握的过程，对这两名孩子来说是很不一样的。这里的问题并不单纯在于时间的早晚，即不是在于尼娜对相似的语法现象和规则能够予以分类以及进行概括的时间晚于伊戈利。

　　尼娜和伊戈利掌握同一种教材所经历的过程，彼此是有区别的。尼娜理解语言现象以及掌握规则的过程，要比伊戈利的紊乱和曲折。但是从掌握知识和技巧方面的进步的性质来说，他们两人都不同于在传统教学法条件下学习的学生。尼娜及伊戈利在知识的掌握上的许多事实证明了这一点，这些事实是：既能同时从词法和句法的角度理解语法现象，又能从语法的角度察看单词，后者是前面已经提到过的。

第四章　教学论科学的发展途径

我们在上面探讨了教学中的整体和局部的关系以及教学任务、教学方法和教学效果之间的联系，因而已经涉及教学论研究中的**综合的**观点。

综合地研究教学论问题可以采取各种不同的形式。十分重要的一点是结合学生的个别特点研究多种多样的教学方法。直到目前为止，教师的某一种教学方法或他面向全班的工作体系一直是教学论研究的对象。个别对待学生的问题在教育学和教学论著作中都有所提及，教师在这方面也有不少好的发现。但是这类问题本应成为严肃的教育实验研究的对象。

若要解决苏联学校面临的复杂而责任重大的任务，就应切切实实科学地研究与集体教育正确结合的个别对待学生的各种问题。这对于完成使青年全面发展的任务尤为重要。

我们在对教学与发展问题开展实验研究时，非常重视学生的个别特点。在研究这些特点的基础上，我们是要揭示出学生的发展的**各种变式**。于是就能按既定观点研究教学教育过程的进程，并且就能确定，要使学生在一般发展以及掌握知识和技巧方面都取得好的效果，教学的哪些变式是可能的而且是必要的。

为了创建这种教学变式就应当超出教学论的范围。在进行教学论的研究时，不应满足于仅仅考虑那些早已熟知的教育工作方面的规则和要求，也不应简单地把它们归并到新的教学论原理中。关键在于把教学的方法和教育工作的方法结合起来研究，只有把两者结合起来才能建成教学教育过程的某种变式。

在这种情况下，教学论的研究要引进新的综合的形式。这样综合地研究教学教育过程的时机早已成熟了。

教育学理论著作总是跟教学相比较而强调教育工作的特点①。不言而喻，区分教学和教育不仅是完全正确的，而且是必要的。但是，这不应导致教学论问题和教育工作问题非得分开研究不可。有些科研任务，就其本身的性质来说，要求把教学论本身的和教育本身的问题综合起来研究。创建跟学生的发展变式相适应的教学教育过程的变式就属于这类科研任务。

教育学和心理学

在探讨教学论研究对象的问题时，应当先谈谈迄今为止人们是怎样理解教育学与邻近学科的相互关系的。

在教育学教科书及教学指南中确定教育学与心理学的联系的性质时，一些作者往往使用"依据"这个词。例如，有一本教科书在谈到教育学与心理学的联系时说："在研究许多教育和教学问题的时候，必须运用心理学的知识。普通心理学和年龄心理学为教育学提供了依据，因为在教学教育过程中必须知道各个年龄期的儿童的心理活动及其发展规律。"它还指出，普通心理学和年龄心理学"也要依据教育学，因为教学和教育是促使儿童发展的重要因素，假如不在教学和教育的过程中研究儿童，就不可能十分全面地理解儿童心理发展的规律"②。

在上述情况下，"依据"这个词，说白了，是指利用心理学中已经积累起来的研究成果。这样解释教育学和心理学的联系，通过实例就可看得更加清楚。例如，上述那本教科书中说，依据儿童形成概念的心理学知识，教育学可以研究这样的问题：用什么方法可使儿童形成某些精确的概念，这些概念是某门学科的教学大纲要求在某一年龄期的教学阶段中形成的。③

教学论和心理学的相互关系基本上也是被这样理解的。达尼洛夫和叶希波夫写道："如果不了解儿童心理发展的特点，就不能正确地解决教学内容

---

① 译文参照凯洛夫主编：《教育学》，北京，人民教育出版社，1957 年版。
② 同上书，第 15 页。
③ 同上。

和教学方法的问题。"①接着专门谈到了儿童心理学和教育心理学:"某一年龄期的学生掌握某种教材的可接受性问题,儿童掌握某些工作方法和方式的可接受性问题,都是特别重要的问题。这些问题多半是要根据儿童心理学和教育心理学的研究成果来解决的。"②

关于儿童的教学和教育必须适应他们的年龄特点这一思想,有着悠久的历史。夸美纽斯就是根据各个年龄期的特点规定各个教学阶段的。此后,在卢梭、裴斯泰洛齐等杰出思想家的教育观点中,也都贯穿有教学和教育应当适合儿童的特点的思想。

这一思想在乌申斯基的著作中表述得尤为清楚、透彻而深刻。乌申斯基认为教育应当建立在人类学知识的基础上,他概括了心理学的研究成果。在他看来,这些成果应是教师活动的科学基础之一。此外,他在心理学研究成果的基础上确立了一系列重要的教育学原理和规则,研究出一套小学俄语教学法,编写了一套课本。

进步的教育思想的继续发展证明,在了解儿童的特点的基础上建立教学和教育过程,仍是一项有其迫切性的任务。人们往往不确切地,有时甚至有明显错误地提出和解决这一任务。然而,在教育学理论和实践不断发展的三百多年间,人们一直提到这个任务,这无疑是值得重视的。

因为教师在教学和教育过程中要按预期的方向改变学生的心理活动,所以了解儿童心理活动和年龄特点的规律,对于合理地建立教学和教育过程是十分重要的。

苏联心理学在感觉和知觉、记忆、言语和思维、人的个别差异,以及其他许多问题上提出了好些理论原理,并且拥有大量实际材料。在国外进步学者的著作中也有不少宝贵的和值得重视的内容。如果适当地利用心理学的研究成果,教育学的学术著作和教学指南的内容无疑将会丰富而且深刻得多。

在教育心理学范围内进行的研究与教育学的关系当然尤为密切,教育心

---

① 译文参照达尼洛夫、叶希波夫编著:《教学论》,北京,人民教育出版社,1961年版,第41页。

② 同上书,第42页。

理学是心理学的一个分支，它专门从事关于掌握知识和技巧、掌握行为规范和规则的心理学研究。仅仅作为个别的例子就可指出这样一些著作：《学校里掌握知识的心理学》《儿童的初期教学和教育（一年级）》①。这些以及这一问题的其他著作都含有合乎科学的材料，可直接运用于教育学问题的研究。

但是，即使把心理学中现有的一切精华都用来作为建立教育学理论和改进教学教育的实践的基础，教育学和心理学的联系问题也不会得到解决。按学术著作和教科书中所讲的那样解释教育学和心理学的联系，并没有反映出教学教育工作实践中的真实情况。

苏联教师十分重视研究自己的学生，这是很值得称赞的事。教师如果不尽心研究学生的个别特点，如果不了解他们的内心世界，也就不可能顺利地进行教学和教育工作，因而也不可能有所进步、完善自己的教学技巧。

实际做过儿童教育工作的著名教育家托尔斯泰和马卡连柯对儿童有很详细的了解并不是偶然的。他们由于关心自己学生的精神成长及操行变化，由于了解儿童的内心世界，所以能使教育和教学跟这些了解相适应。同时，无论是托尔斯泰还是马卡连柯，由于都与被教育者直接交往并指导他们成长，所以能很好并且很深入地了解他们的内心世界。教育和对儿童心理的了解是不应分割开的。

对学生进行研究乃是教师工作中不可缺少的有机组成部分，这是由教学教育过程的性质本身决定的。教学和教育的突出特点是，每一种教学教育影响一定要"通过学生的头脑"，即要引起他的某种心理活动才能产生效果。

必须据此做出相应的推论，以便揭示教育学和邻近学科的相互关系。教育学与心理学的相互关系绝不仅限于教育学依据心理学的研究成果。假如心理学的事实材料和理论原理适当地运用于教育学问题的科学研究和改进实际工作，这对教育学当然有很大好处。但是，最主要的一点是应当让实验心理学的方法和心理学分析成为教育学研究的有机组成部分。自从乌申斯基开展

---

① 鲍戈亚夫连斯基、敏钦斯卡娅：《学校里掌握知识的心理学》，莫斯科，俄罗斯联邦教育科学院出版社，1959年版；安纳尼耶夫、索罗基娜编：《儿童的初期教学和教育（一年级）》，莫斯科，俄罗斯联邦教育科学院出版社，1959年版。

其教育活动以来直到现在的这一时期，心理学有了重大进展。最值得一提的是，心理学产生了一个新的分支——实验心理学。对于感觉和知觉、记忆、言语和思维、人的个别差异等，都可用多种多样的方法进行实验研究。

教育研究工作者应当了解实验心理学的方式方法，同时应认真钻研跟所要研究的教育学问题直接有关的某一个方面。不要机械地或形式主义地使实验心理学的方法成为教育研究的组成部分，而应严格地使其符合要解决的教育学问题的特点，这是非常重要的。

在教学论问题的书刊中常常谈到心理学家和教学论专家合作的必要性。例如《教学论原理》中强调指出："心理学家和教学论专家共同研究一个问题的这种合作是尤其富有成效的。"[1]但是，教学论研究实际上几乎完全没有运用实验心理学的方法。教育的影响和取得的效果有直接关系，人们至今都不了解这种效果是怎么得到的，不知道掌握知识是个什么样的过程，掌握行为规范的过程是怎么发生的，因此，堵塞了揭示教育影响和所得效果之间的内在联系的道路。

教育学或教学论至今还处于这种状况的原因很多，其中之一是这样一种偏见：在教育学范围内对教学和教育过程似乎必须进行"纯教育学的"研究。按照这种观点行事，心理学方法和心理学分析在教育研究中是完全多余的。不管以什么形式研究学生的心理活动，似乎完完全全是心理学家的活动范围。

揭示教学过程中的联系，当然不只是靠运用心理学的方法才能做到。奥戈罗德尼科夫领导下的研究，就是为揭示教学过程中的联系而进行的教育研究的一例。他在研究课堂教学的效果时详细探讨并验证了以下几种联系形式：①教师讲解教学大纲中规定的全部材料，而学生在课内、实验室与课外理解并巩固所讲的材料；②教师只讲解主要问题，而学生独立学习全部材料；③教师只讲内容的概要和在课上的学习方法，而学生在教师指导下独立学习。[2]

---

[1]　叶希波夫主编：《教学论原理》，莫斯科，教育出版社，1967年版，第11页。

[2]　奥戈罗德尼科夫：《研究科学基础知识的课堂教学效果的基本问题和方法》，莫斯科，国立列宁师范学院出版社，1961年版。

＊　　　＊　　　＊　　　＊

多年来，人们已经不止一次地指出，教育科学在研究年青一代的教学和共产主义教育的问题上处于严重落后的状况。要想克服这种状况，必须**改变**学术问题的研究的观点、研究的方法，以及学校与实践相联系的性质。揭示教学和教育的客观规律是一项具有特殊意义的任务。

尽管承认存在着教学教育过程的规律，但是，人们往往认为规律就是要求，这种要求要么是从教育目的中演绎出来的，要么是通过大量观察教师的活动归纳出来的。

包括教学论问题在内的教育学问题的研究工作中的这种倾向，不利于教育科学对实践工作起有效作用。教育研究通常都不是去发现教学和教育的新方法，也不采用大胆的教育实验，这种实验有可能根据苏联学校面临的任务从根本上改革教学教育工作的实践。

教育科学的这种状况势必会把这样两类科学错误地对立起来，一类是要为实践制定规则，一类是要揭示出某一实际领域中的客观规律。这种对立流传很广，在科尔尼洛夫的文章《心理学与教育学》中说得非常明确，他说心理学研究的是心理过程怎样发生，而教育学的研究对象是教学和教育应当如何进行。①

当谈到教育学和心理学的相互渗透时，人们就会流露出担心，怕因此造成混乱，怕这两门学科混淆不清。这种担心是没有根据的。

下列简短的几句话就能划清教育学和心理学研究对象的界限：在心理学研究中要研究生活的条件，而对于儿童来说，首先要研究他的教学和教育的条件，这是为了解释心理现象，揭示心理活动及其发展的规律；在教育学研究中要研究行为规范的掌握过程以及知识和技巧的掌握过程，所以这时研究心理活动乃是为了揭示教学教育过程的规律，解释教学和教育的某些方式方法的效果。

我们对于教育学和心理学的相互关系的见解跟资产阶级的观点是对立的。资产阶级的观点与康德学说、实用主义和其他唯心主义哲学流派有紧密

---

① 科尔尼洛夫：《心理学与教育学》，载《苏维埃教育学》1945 年第 7 期。

联系。教学的方法与知识掌握的过程之间的内在联系问题，被智力测验、计算"智商"和相关系数等不合理地取代[1]。这些东西得出了许多各式各样的数据，但是，用数字单位表示的现象仍然令人无从了解。

茅曼试图根据科学的事实来解决教育学问题，在当时曾起过一定的积极作用。但是他的观点的根本实质是不能令人接受的。茅曼竭力要从心理学实验的结果引申出教学的方法。他甚至认为根据实验心理学的研究成果可以规定教育的目的和任务。

其实，首先以教师的活动体现的教学和教育，本来就有该实际活动领域特有的内在客观规律。被纳入教育学研究的组成部分的心理学有其从属的意义，它是为揭示教育规律服务的。

教学论的规律和事实

科学的教学论应建立在研究教学的实践及其改造的基础上，这是无可争论的真理。对实践的研究可有各种不同的形式，既可研究并概括教师的先进经验，也可进行实验，而实验有时是为了查明效果和解释"现成的"经验，有时是为了创造**新的经验**，等等。

同时，教学论与整个教育学一样，也是为实践服务的。这表现为针对实践工作制定一些标准。教学论指南或各种教学论问题的著作通篇都是关于教师在教学生时应当如何做的指示和建议。例如，在解释谈话教学法时说，应当唤起学生的积极的智力活动，正确地确定谈话的题目和具体的教学任务，慎重地考虑用何种教材和逻辑顺序进行谈话，教师的提问和学生的回答都要遵循适当的要求。[2]

针对教师要进行的工作制定一些标准，这在过去教育思想的发展中也占有很高的地位。据科马罗夫斯基说，在教育学中，"原则"这一概念最通俗

---

[1] 1966 年在美国出版的《智力测验问题展望》一书中说，智力测验在研究学生智力发展、知识和技巧的掌握方面起着非常重要的作用。

[2] 译文参照达尼洛夫、叶希波夫编著：《教学论》，北京，人民教育出版社，1961 年版，第323 页。

的解释（按我们的说法是最广泛流传的解释——赞科夫），就是对实际工作所定的标准。① 同时这位作者还指出，原则可以作为奠定教育原理的主要基准。例如，裴斯泰洛齐把教育学原则区分为最高的、主导的和从属的几种，他断定直观是任何认识的绝对基础，因而把它牢牢地确定为最高的原则。

原则（指教育学的原则）曾经是根据一定的哲学观点提出的。例如，夸美纽斯教育观点中的遵循自然的原则就是如此。在过去其他杰出的教育思想的代表人物的著作中，也能清楚地看出教育学原则与哲学观点的联系。

教育学的原则有其一定的使命，它包含着对教学教育工作实践的指导性指示。例如，直观性原则的意思是：在教学中必须依靠学生对客观现实的事物和过程及其模象的直接感知。更加明显地具有标准性质的教育原理是规则，与原则相比，规则是局部性的指示。

毫无疑问，在教学指南和教育研究成果中，含有一些在教学和教育实践中应如何行动的指示是完全正确的。这种做法是符合教育学是教育儿童的科学这一本质的。针对实践工作提出的建议当然是教育研究工作的一种有益成果。在对进行过的研究工作所做的总结中显然应当指出，教师应如何进行教学教育工作。

但是，在这里具有决定意义是这些建议及对其的论证的性质。不应否定诸如学生掌握知识的自觉性原则或直观性原则具有一般标准的意义。这类原理各自确定着教师在教学工作中应当遵循的方针。同时，在实践中实施这种方针必然会遇到许多问题，例如，由于教学的年龄阶段各有所异，由于既定的教学任务不尽相同等，应该怎样运用直观性。

当需要回答在某些典型条件下如何运用教学原则的问题时，从教育目的或哲学观点出发进行演绎是得不到令人信服的答案的。如果满足于听一些课，尤其是无计划地听一些教师的课，也不会得到相当明确的答案。

正确而充分有效地贯彻教学原则，关键在于必须懂得，**用什么途径**可使这项原则取得一定效果。只有在此基础上才能制定出这样一些教学方法和方

①　科马罗夫斯基：《教育学中的规律、原则和规则的概念的演变以及它们的相互关系》，载《苏维埃教育学》1947 年第 6 期。

式，它们既适合于教学的任务和教材的特点，也适合于教学的年龄阶段等。否则，在教学实践中合理运用一般教育原理的全部探索工作都将落在教师的肩上。

当然，即使教育科学适当地完成了自己分内的任务，提供了最好的条件，教师在具体教孩子的过程中也应创造新的和改造原有的方式方法及其体系。不过，只有在认真地研究了教学和教育的过程，并且揭示出它的客观规律的情况下，教师的创造性探索才有可靠的基础。此外，在这种基础上进行创造性探索才有广阔的余地和明确的远景。

以上所述，充分说明在教育学中获得可信的科学事实是多么重要。这也是符合一般的方法论原理的。恩格斯说："我们大家都同意：不论在自然科学或历史科学的领域中，都必须从既有的**事实**出发，因而在自然科学中必须从物质的各种实在形式和运动形式出发；因此，在理论自然科学中也不能虚构一些联系放到事实中去，而是要从事实中发现这些联系，并且在发现了之后，要尽可能地用经验去证明。"[1]

列宁无比精确地阐明了一般规律与具体分析的相互关系。列宁说的是马克思关于资本主义生产方式自我否定的原理。列宁在《什么是"人民之友"以及他们如何攻击社会民主主义者》一书中写道："因此，当马克思把这一过程称为否定的否定时，他并没有想到要以此来证明这一过程是历史地必然的。相反地，在他历史地证明了这一过程部分确已实现，部分还一定会实现以后，他才指出，这还是一个按一定的辩证规律完成的过程。"[2]

总之，不应把事实"拼凑成"臆想的和有偏见的结论。同时，要获得事实，必须根据科学研究的一般要求，根据教育科学的特点以及正在研究的问题的特点，确定一定的方向。

尽管材料起着事实的作用，离开材料就无法建立科学，但是，事实的积累绝不是目的本身。事实之所以必要，正是为了揭示支配着被研究现象的客观规律，最终是为了改造人类某一方面的实践。各个领域的科学知识本身的

---

① 译文参照恩格斯：《自然辩证法》，载《马克思恩格斯选集（第三卷）》，北京，人民出版社，1972 年版，第 469~470 页。

② 译文参照列宁：《列宁选集（第一卷）》，北京，人民出版社，1972 年版，第 39 页。

情形都是如此，教育科学、教学论也应当如此。

各种教科书和教学指南中叙述教育学的对象时，都提到要认识教学和教育的规律①，同时也都强调教师的教学技巧的作用。

为了弄清楚教学技巧的问题，应当谈谈把教育学完全简化为技艺的一些说法。大家知道，乌申斯基认为，严格地说，如果对某些现象的规律在一定程度上做出完整而严谨的叙述才可称为科学的话，那么，不论政治学也好，医学也好，教育学也好，都不能被称为科学。在乌申斯基看来，技艺的目的是进行实际活动，而不是研究那种不以人的意志为转移的东西。乌申斯基说："当然，任何一种技艺都可能有它自己的**理论**，但是技艺的理论不是科学；这种理论并不叙述已经存在的现象和关系的规律，而要制定出实践活动的**规则**，并要在科学中汲取这类规律的依据。"②

乌申斯基在区分技艺和科学时说："科学只研究正存在的或已存在的东西，而技艺则力图创造现在还没有的东西，而且它抱有未来的创造的目的和理想。"③

但事实上，教师的活动虽有其要达到的目的，可是完全不排除这种活动受客观规律的支配。乌申斯基的错误是由于把教师的目的和他旨在达到目的的活动与现实中的其余现象对立了起来。

教师对儿童进行教学教育工作是有目的、有意识的活动，这一事实根本不否认这种活动要受客观规律的支配，即要受不以人的意志（主观制约）为转移的规律的支配。教师在自己的实际活动中要遵循教育学所规定的原则、要求和规则，并要根据所有具体情况（教材的特点、班级的人员组成、学生的个别特点等）找出教学教育工作的方式方法。

因此，教师在自己的实际活动中，在一定程度上是按照客观规律行事的，他好像是在摸索还没有被科学揭示的规律。假如教师的活动违背了这些规律，他就不能取得任何良好的效果。在教学教育工作中取得成就的教师，

---

① 译文参照凯洛夫主编：《教育学》，北京，人民教育出版社，1957 年版，第 1-2 页；希姆比列夫、奥戈罗特尼科夫：《教育学》，莫斯科，教育书籍出版社，1954 年版，第 10 页；译文参照达尼洛夫、叶希波夫编著：《教学论》，北京，人民教育出版社，1961 年版，第 4 页。

② 译文参照乌申斯基：《人是教育的对象（第一卷）》，北京，科学出版社，1959 年版，第 3 页。

③ 同上。

在工作上一定比其他教师更加符合支配着教学教育过程的客观规律。假如不是这样，那么研究和概括先进经验就不可能用于建立教育科学。

尽管教学和教育的许多客观规律还没有被发现，但是，优秀教师在教学教育工作中取得成功的结果也是有据可循的，这和现实的其他领域中的情况一样，在支配某些现象的规律被发现并能被自觉利用之前，人们的实际活动也能这样那样地符合规律。

但是，发现了规律就可大大加强人对自然的控制。发现了支配着教学教育过程的规律，就可大大提高教学和教育的可能性，大大提高利用教学教育过程深处蕴藏着的内在潜力的可能性。

正如在现实的其他领域中一样，发现教学和教育的客观规律也要用提出准确的预见的办法，借以有效地改革和改进实际工作。

教育学著作是怎么回答儿童的教学和教育领域中的教育技巧与科学的相互关系问题的呢？教育学的一本教科书中写道："教育学在用教育理论武装教育工作者和家长的同时，还要给他们以从事实际工作的指示来改进教育儿童和青年的技巧。"[1]

但是，我国的教育学教科书和教学指南以及教育学的方法论问题的专门著作，都没有充分明确和果断地确定过教育科学和教育技巧的相互关系。正是因为没有这样做而留下了一个缺口，使得有人认为，在教师的工作中有些因素是背离科学的，而且还有某种不受客观规律支配的非理性的东西。这可能使人产生怀疑，不确定教师工作中的创造性和技艺是否应成为科学分析的对象。

这种怀疑当然是毫无根据的。教师的全部活动也像实际现实中的其他现象一样，可以而且应当成为科学分析的对象。但是为了顺利地完成这项任务，研究教师的活动时，必须也像研究现实中的其他现象时一样，有时要把它的这一方面，有时则把它的另一方面合情合理地抽象化。

教师们之间的差异，通常是指这位或那位教师的工作作风，把这种差异抽象化有很大意义。工作作风取决于这位教师以前的教育活动是怎么定型的，取决于他的教学和教育方法有些什么特点。对于教师的工作作风来说，

---

[1]　译文参照凯洛夫主编：《教育学》，北京，人民教育出版社，1957年版，第2页。

他的智能的性质、性格的气质和特点，以及个性的其他具体特性，都绝不是无关紧要的。

当科研的任务是要揭示教学的一般规律时，我们不得不暂时把这位或那位教师在工作作风特点上的那些差异抽象化①。

揭示教学教育过程的客观规律的途径是多种多样的，而且是很复杂的。同时，教育科学所要揭示的、对某些教学方法的运用起制约作用的客观规律有些什么特点，我们对它是能够有所预料的，尽管预料的只是十分粗略的轮廓。

在教学工作中始终有教师所要达到的目的和完成的任务。为了完成这种任务就要运用某些方法，并在学生的知识和技巧掌握以及一般发展上取得一定的效果。因此，规律所反映的就是教学过程的这些组成部分之间必然的客观联系。

让我们以教学方法问题为例做出说明。发现这种教学方法与另一种方法之间的最主要的特点是至关重要的。尽可能比较确切地从质量和数量上评定取得的成绩，同样是十分重要的。

但是这还远远不是事情的全部。要想揭示所用的教学方法与其效果之间的内在联系，必须研究知识和技巧的掌握过程，即必须研究当教师运用某种方式方法时，学生头脑中在思考些什么。同时，因为完成同一种任务可以用各种不同的教学方法，所以，要揭示客观规律就要对这些方法的效果进行比较研究。

因此，客观规律大概将通过各种教学方法的比较效果反映出来，以揭示学生心理活动特点的形式反映出较好效果的依据。

大家知道，教师取得的具体效果取决于许多因素，其中包括教师的知识修养、经验和工作作风，包括该班学生现有的知识和发展的程度等。正是因为依从关系如此错综复杂，所以要竭力强调揭示出教学客观规律的重大意义。

时常有人提到，某种教学方法的效果具有相对性。据说，经验丰富并能

---

① 我们提出这一主张，绝不是否定专门研究先进教师的经验的意义。那属于另一类任务，其目的是要全面反映某教师的经验的所有特点。

创造性地工作的教师取得优异成效所使用的教学方法，如果由不具备这些品质的另一名教师使用，其成效就很差。这种情况在现实生活中确实是存在的。但是，决不能因此就抹杀通过比较揭示出的教学方法的客观效果对于大幅度改进教学工作实践所起的决定性作用。假如能够十分可靠地发现，用于完成同一项教学任务的这一种方法比另一种方法有效得多是具有普遍意义的联系，那么这就为查明其他因素对于既得效果的影响创造了必要条件。

揭示教学过程中的联系和依从性

揭示并研究教学过程中的各个方面之间的依从关系，是在揭示教学过程的规律时可能采用的一种办法。教学方法与教学过程的其他方面之间就有好些依从关系，其中占主要地位的是方法取决于教学和教育的内容，大家知道，苏联学校的教学教育内容是根据年青一代的共产主义教育的目的和任务决定的。在一些教育学著作中还提到，教学方法取决于学生所要掌握的知识的类型，取决于最近的教学目的，后者包括向学生讲解新材料以及使知识日趋完善及检查知识（见佩罗夫斯基所著《教育学》）。这些最近的教学目的其实是教学过程的各个阶段或环节。

上面列举的当然并不是方法与教学过程的其他方面之间发生联系的全部依从关系。

应当强调指出，"依从性"这个概念包含现象与现象之间的各种类型的依从关系。因此，关于教学方法与教学过程的其他方面之间发生联系的依从关系问题，需要进行专门的研究。

上面曾经提到教学方法对最近的教学目的的依从关系，那么请问，这是一种什么样的依从关系？如果注意到佩罗夫斯基的著作中很明确地提到的而且实际上广泛流行的教学方法的分类，那么对于上述问题只能有一个答案：这里的依从关系指的是某种方法是否适用于达到某种最近的教学目的。例如，钻研课本适用于学生学习新知识，适用于完善知识，但不适用于检查知识，等等。

我们在研究教师的语言与直观教具相结合的方法时也曾经揭示过这种依

从关系。但是，我们是针对教学过程的同一环节（即讲解新知识）内部的各种教学任务来查明这种依从关系的。所以我们在下面使用"最近的教学目的""教学任务"这两个术语时，前者的意思是指教学过程的环节（讲解新知识），后者是指该环节内部的个别任务（研究客体的外貌，研究一些现象中的联系和关系）。

但是，一旦弄清了这种依从关系又可提出一个问题：适用于完成同一种教学任务或目的的一些教学方法彼此之间有什么关系。假如从这个角度对教育学的教学指南和专门研究这一问题的著作做一分析，可以清楚地看出，对于一些教学方法的相互关系只指出了它们之间的区别，而且是靠单纯叙述每一种方法的主要特点来指出区别的。

叙述这一种教学方法不同于另一种方法的特点，当然是必要的。但这是不够的，因为还必须确定：适用于完成同一种教学任务的一些教学方法之间有着什么样的相互关系。

可惜，一些教学论著作要么是完全不谈这个问题，要么只是顺便提一下，没有把它作为一项重要的科研任务提出来并加以解决。然而，既然对一些教学方法之间存在的基本的相互关系都弄不清楚，那么也就不可能从理论上相当深刻地理解这些方法，其结果必然使教学论原理在改进教学实践方面显得软弱无力。

通过研究的结果，已经能够确定教师的语言和直观教具相结合的各种形式之间基本的相互关系。教师的语言的职能在这些结合形式中截然不同，从某种意义上说甚至是相反的。例如，在运用第三种结合形式时，学生是从教师的口头讲解中获得知识的，而在运用第一种结合形式时，教师的语言不是知识的来源，只是创造了条件，学生是在这些条件下自己获取知识的。在运用第一种和第三种结合形式时，直观教具的职能也截然不同。因此，对于第一种和第三种结合形式可以做出判断：它们作为两种教学的方法是没有共同特征的（"没有共同特征"的意思是差别大到有点相反的程度）。我们所说的一些教学方法没有共同特征这个概念，其中必定含有这样一层意思，即这些方法都是用于完成同一种教学任务的[①]。

以上情况说明，确定教学方法对最近的教学目的的依从关系，只是揭示各种教学方法之间的相互关系的起点，确定依从关系本身还没有揭示出这种相互关系。例如，教师口头讲解教材和学生钻研课本都是为了达到同一个最近的教学目的，即为了学习新教材，在这里依从关系业已确定，但是这个事实并没有揭示出这两种方法之间的相互关系。只有在专门研究了教学过程之后才有可能揭示出这种相互关系。

确定各种教学方法之间的相互关系，在对这些方法进行比较研究时是必不可少的。因为研究某一种方法的效果，只有通过比较研究，即只有在对各种方法的效果进行对比的过程中才能做到。而且，只有对于没有共同特征的一些教学方法进行效果的对比，才有理论上和实践上的意义。

确定各种教学方法之间的基本的相互关系以及揭示这些方法的效果都非常重要。在教学论中忽视这些问题而且热衷于方法的描述和分类，乃是对教学方法和其他一些问题研究得不够详尽的原因之一。

在总结教师的经验时，很重要的一点是要发现这样一些中间环节，它们可使教师从一般教育原理中吸取最多的东西来用于改进教学实践。让我们用教学方法的材料对此做一说明。

在一些教育学教科书中有这样一种提法：教学方法要有所变化。例如有的书中说，阐述教材不仅可以用讲述法，也可以用讲解法；还说这种方法变化与不同学科的教材特点有关。例如在学习语法规则、运算方法和新型应用题的解题方法时要用讲解法[②]。

这类建议没有超出最一般的指示的范围，只是指使教师该做什么，没有帮助他弄清楚所建议的教学方式方法的实质。此外，方法的变化是在一定程度上偶尔一提，没有什么明确的办法。在这种情况下，一方面是应用范围很广的教学方法的最一般的定义，另一方面是教师在每一种具体场合中使用这种方法的个别现象，在这两者之间可以说仍然有着很大一段距离。因此，教

---

① 赞科夫：《教学中的直观性和学生的积极化》，莫斯科，教育书籍出版社，1960 年版。
② 译文参照凯洛夫主编：《教育学》，北京，人民教育出版社，1957 年版，第 164–167 页。

学实践固有的很大的灵活性在科学上得不到应有的反映，而已经研究出来的一般教学论原理在实践中的运用也受到阻碍。

其实，叙述一些个别的事例，即使它们含有优秀的教学经验，也不能揭示出教师所用教学方法的真正丰富的内容。要想科学地反映出这种丰富的内容，一定要揭示出全部多种多样的个别事例之间的主要异同，要逐步地进行总结。因此，研究教学法理论的迫切任务之一是要发现每一种方法的各种变式。这将体现出这样一种观点：不要像现在广泛流行的那样片面地研究教学论问题的一般原理，而要协调一致地揭示被研究的教育现象中的一般的和特殊的东西。

* * * *

由于影响教学工作效果的条件很多，所以，用哪些方法能够揭示出教学过程的某一方面与所得效果之间的规律性联系，这是一个非常重要的问题。用来完成这种任务的办法之一，就是所谓使条件对等。因此，要竭力把不能对等的一些情况抽象化，尽可能比较单一地追踪研究某些教育现象之间的联系，例如使用某种教学方法和学生掌握知识的质量之间的联系。

应当指出，条件对等绝不是随时可以做得到的。至于平行班的学生构成的对等，正如我们下面要谈到的，这一般是做不到的。

介绍教育研究方法的一些西方著作也都谈到过教育实验中的条件对等。美国出版的《教育研究杂志》（*Journal of Educational Research*）上刊登的申农的文章就各种教育实验的运用做了全面阐述。申农分析了1909—1952年发表的上千种根据教育实验写出的著作，他划分出大量用于研究的实验种类。同时他证实，最常用的实验是：在全体学生的智力发展水平相同的两个或两个以上的平行班中研究某一种教学方法。

安排这种教育研究是基于下列设想：因为在上述平行班中运用不同的教学方法，所以除了所研究的教学方法之外，一切因素都是常数。这样一来，教学方法也就成了实验中的"变量"。

广泛地开展实验教育研究，竭力依靠实验取得可信的材料，用以论证所研究的教学方法的效果，这些都值得重视。但是，上面所说的那种教育实验是行不通的。

班级构成对等的办法在方法论上是荒谬的，在实践上也不会有成效。上述实验中的那种对等，是靠智力测验取得的。基于对某班全体学生进行智力测验的结果，确定每一名学生的所谓"智商"，然后算出该班全体成员的相应数值。假如这种数值相同，就认为被当作研究对象的平行班在儿童的智力发展水平上是相同的。

我们充分了解，用于确定智力发展水平的测验是有缺陷的。这种智力测验从方法论上考虑是令人不能接受的。同时，它们在实践上也达不到目的，因为靠测验确定智力发展的许多实例，一经分析就能十分确切地证明，所谓"智商"并不能反映学生智力发展的真正水平。

总之，美国的许多研究工作中运用的那种教育实验的形式，在涉及条件对等这个最难处理的问题上是个薄弱环节。而其实，可以用同一种教材在平行班中研究教学方法。如果是在分科讲授的几个班里，还可以由同一名教师上课。但是，使平行班学生构成对等是困难重重的，上述理由表明，这种对等实际上是做不到的。

很明显，想使教育实验中的一切条件都对等是无法实现的，因为这种想法与教学现象本身的性质相矛盾。这种想法没有考虑到教育现象的本质特点，是想照搬理化实验的一种表现。

可是，既然教育实验中的条件对等是与教学过程的性质相矛盾的，既然实际上做不到对等，于是就要问：没有这种对等怎么能行呢？解决的办法是，比如说，设法排除平行班成员构成固有的特点的影响。运用交叉研究的办法就能做到这一点①。我们不可能细谈这种研究方法，只打算指出其中的一种。我们用下列课题来举例：比较研究两种方法的效果（教师在课堂上演示相应实物和利用分发的材料）。在用交叉研究法时实验是这样组织的：

甲班	乙班
学生的构成 M	学生的构成 H
方法一	方法二

---

① 交叉研究法过去常以其他形式用于别的场合，而现在在实验心理学的研究中也经常使用。

甲班	乙班
学生的构成 M	学生的构成 H
方法二	方法一

在两个平行班（甲班和乙班）的课上提出同样的教学任务，学习同一种教材，由同一名教师讲课。教师在甲班演示实物（方法一），而在乙班利用分发的材料（方法二）。

我们对教学大纲中的另一个问题做了同样的安排，不过这时在甲班是利用分发的材料，在乙班是演示实物。

在另外两个平行班中，我们用教学大纲中的别的题目的教材也研究了这两种方法。如果先前已经排除了班级学生构成特点的影响，那么现在所排除的则是教材特点的影响。

排除教材的影响之所以必要，是由教学过程特有的复杂性决定的。大纲中的每一个题目作为新课讲解都只能是一次。如果我们在同一构成的班里再次讲这一教材，这就已是复习，而不再是讲新的知识。因此，必须用别的材料来检验某些教学方法的效果。若是在所有这些情况下，某一种教学方法在学生掌握知识的质量方面都得到了良好效果，而另一种方法都显示出掌握教材的水平很低，这就可以认为是证实了：第一种教学方法的效果好，第二种教学方法的效果差。

我们在上面谈了这样一种实验的组织办法，这种实验的课题是要弄清楚一些教学方法本身的比较效果；既然定了这一目的，就应把班级学生构成及其他特点抽象化。但是这并不是说，在实验中被抽象化的那些联系都不应当研究。在弄清了某种教学方法比另一种具有明显的优越性之后，可以进一步提出任务，揭示出这种方法的效果由于班级学生构成的特点不同而出现的差异。

尽管这样组织的实验很有成效，但是不能认为这种实验可适合于研究教学论的一切问题。方法永远要适应被研究的问题的性质，只有这样，方法才是正当的。

研究某些教育问题必须用另一种办法来组织实验。教学与发展的问题可以作为例子。根据这一问题的特点，必须在一定教学条件下的较长时期内追踪研究同一些学生的发展。因此，在这里根本谈不到把学生的构成抽象化以及为此而运用交叉研究法。同样，也不能逐个地提出和研究教学过程的某一部分，因为这时的主要任务是在于创建一种教学教育工作的整体性体系，使得学生在一般发展上取得优良成效。

但是，我们在这项研究中也利用了科学实验方法的一些优点。我们在按几条线索（观察活动、思维、实际操作）追踪研究发展时，把学生个性的其他方面抽象化了。因此就有可能十分确切地肯定这种教学过程结构的效果，并且有可能对学生的发展进行详尽的质的分析。

我们在一定的研究阶段中，把这名或那名教师的工作所固有的特点也抽象化了。这是通过在大量平行班中研究学生的发展而做到的。

分项对比法起了重大作用，这种方法是以实验班为一方，以对照班为另一方，逐项对比教学的过程、学生的发展和他们掌握知识与技巧的进展情况。由于在循序展开的各个教学阶段中做了多方面的对比，这就为揭示教学过程的结构与学生的发展之间的规律性联系创造了条件。

我们在研究学生心理活动发展的几条线索时，还收集并总结了说明每名学生的个性的实际材料。因此，在用实验方式进行分析研究的基础上，我们广泛地综合了实际材料。因而，我们才能揭示出每名学生的发展所固有的特点，即揭示出同样教学条件下的发展的一些变式。

教学实验的形式不是单一的，它既可以在平常的班级条件下通过上试验课的形式进行，也可以由少量学生做实验作业的形式进行。准备和进行试验课都具有实验研究法所固有的许多特点。根据课上要研究的教学问题应尽可能单一地运用某些教学方法。在几个平行班中上课时，要排除不对等的那些条件的影响，可以用采用不同的教材等办法保证对所要研究的讲授知识的方法进行反复对比。这样安排试验课和运用这种研究形式，在一定程度上吸取了实验方法的下列优点：在研究教学过程的某些方面时，暂时把它的其他方面抽象化。

以教学研究为目的的试验课的准备工作非常重要，因为研究工作是在平常的班级条件下进行的。虽然上试验课在全部教学研究工作中起的作用很大，但也不能不看到这种教育实验形式的某些缺点。大纲规定的某部分教材及其学习期限严格制约着上课的内容，班级学生众多的构成，教师有可能脱离既定的教案，等等，对于追踪研究教学方法和所得效果之间的联系都会造成困难。

用安排实验作业的办法能够克服试验课的上述缺点，实验作业是用大纲规定的某个题目的教材由班上少量学生完成的。在做实验作业时，实验人员能够适当摆脱上课的要求，因而可以特别明显地突出要研究的教学方法所固有的特点。例如，他可以从上课用的相应教材中挑出一部分特别有利于对比各种教学方法的教材。

在安排实验作业时，学习某一部分教材的期限可以随机应变，此外，还可排除脱离既定教案的问题。最后，在少量学生做实验作业时，为详细观察每一名学生提供了比平常上课有利得多的条件。

实验作业含有某种人为的因素，因为它是在平常的班级情况之外进行的教学。这是这一种教学实验形式的优点。同时，也不要因为实验作业有这种优点而把它当作揭示教学方法和所得效果之间的联系的唯一手段。

上述每一种教学实验形式（试验课和实验作业）应当根据要研究的问题有选择地加以运用，在某些情况下，安排试验课最好跟做实验作业结合起来。例如，若要查明课上组织学生独立学习的各种方法的效果，应当反复运用试验课的形式。这种问题用实验作业的形式是根本不可能解决的，因为安排全班学生上课是这时的必要条件。但是假如任务是要追踪研究各种口头指示（例如，综合指示和分项指示）对于学生掌握劳动技能技巧的效果，那么试验课应当跟实验作业结合起来。这时仅限于上试验课是不合适的，因为要详尽地研究技能技巧及它们的组成和结构，要仔细地追踪研究口头指示和形成技能技巧之间的联系，必须要有一些特殊的条件。在做实验作业时才具备完成上述研究任务的特殊条件。在这里无论用同一种教材还是用不同的教材都可以采用多种多样不同说法的口头指示。在选择和分发学生所用的工具与原料方面也可以有所变化。此外，在做实验作业时有可能仔细而详尽地观察每一名学生，这是在完成上述研究任务时绝对必需的，因为应当追踪研究的是学生的每一个动作，而且还应分别地对每一个动作以及综合地对全部动作做出质量的评定。

*　　*　　*　　*

实验心理学方法和心理分析的运用本身有很大意义，而如果在巴甫洛夫的生物学学说的基础上来运用，其意义就更加深刻得多。

巴甫洛夫为研究动物和人的心理活动找到了新的观点，这是具有奠基意义的，新观点对心理的解释与唯心主义二元论是根本不同的。巴甫洛夫学说的核心是心理研究中的决定论。巴甫洛夫指出，"反射活动的理论是依据三个基本原则"，他把"决定论原则，即任何一定的作用和反应都各有其原动力、理由和原因"①放到了第一位。

心理现象的决定论观点，具体反映在生物学的反射论中。反射表明动物机体的反应是受外部的影响与机体内部的影响的严格制约的。巴甫洛夫说："……中枢神经系统最主要的活动乃是所谓反射活动或反应活动，即刺激从内导通路向外导通路的迁移、传递。"②

巴甫洛夫发明了客观地研究高级神经活动的方法——条件反射法。巴甫洛夫运用客观的实验方法，在中枢神经系统的高级部位（大脑两半球的皮质）的活动中发现了一些重要的规律：刺激和抑制过程的扩散与集中以及它们的相互诱导。此外，他还发现了大脑皮质固有的专门规律：新的反射活动的发生、暂时联系的接通、内抑制。

我们在研究教学现象时用了高级神经活动生理学的理论原理及其一般的规律和事实。因此，必须在我们研究的教学现象中追踪研究一般的生理学规律通过某种教材在学生身上所起的作用。

想要完成这项任务只有一条途径：在教学研究中运用生理学实验和生理学分析。问题还不仅在于证实高级神经活动的某项规律在我们研究的现象中是起作用的，而是在于明确这项规律在这里有哪些具体反映。

---

① 巴甫洛夫：《巴甫洛夫全集（第三卷 第二册）》，莫斯科-列宁格勒，苏联科学院出版社，1951 年版，第 164 页。

② 巴甫洛夫：《巴甫洛夫全集（第三卷 第一册）》，莫斯科-列宁格勒，苏联科学院出版社，1951 年版，第 194 页。

在实验教学论实验室里，我们曾做了在教学研究中运用生理学方式的尝试。

在研究语言和直观教具的结合问题的过程中，由于把生理学方法用于教学研究，才有可能解释第一种结合形式的效果。在运用这一种形式时可激起强烈的定向探究反应。经常运用定向反射可维持大脑两半球皮质的活动状态。

我们可以引用一些材料来说明起条件作用的刺激物的双重作用。正如库帕洛夫[1]所指出的，这种刺激物一方面引起条件反射，另一方面影响着大脑皮质的紧张度。

由于定向探究反应提高了大脑两半球皮质一定的动力结构的兴奋性，于是，第一信号系统固有的能进行精微分析的特性就表现出来，发生作用，形成一种机能镶嵌式，它是区分同类事物或予以归类的基础。因此，这为条件联系选择性的特定泛化提供了必要的前提，这种泛化是在两种信号系统共同作用的过程中达到的，与最初的泛化相比，是机能水平高得多的泛化[2]。

我们在用语言和直观教具结合的某些形式来研究观察力的发展时，也利用了生理学的方法。我们也非常重视研究各种刺激物的条件联系的泛化。

---

① 《高级神经活动的某些问题（布鲁塞尔第 20 届国际生理学会议报告集）》，莫斯科，苏联科学院出版社，1956 年版，第 51 页。

② 赞科夫主编：《教学中教师的语言与直观教具的结合》，莫斯科，俄罗斯联邦教育科学院出版社，1958 年版，第 88-107 页。

出 版 人 李　东
责任编辑 薛　莉
版式设计 郝晓红
责任校对 贾静芳
责任印制 叶小峰

图书在版编目（CIP）数据

教学论与生活/（苏）赞科夫著；俞翔辉，杜殿坤
译 . —3 版 . —北京：教育科学出版社，2019.9（2023.7 重印）
（世界教育思想文库）
ISBN 978 - 7 - 5191 - 1981 - 2

Ⅰ . ①教… Ⅱ . ①赞…②俞…③杜… Ⅲ . ①教学理
论—研究 Ⅳ . ①G42

中国版本图书馆 CIP 数据核字（2019）第 196252 号

北京市版权局著作权合同登记　图字：01-2009-1254

世界教育思想文库
教学论与生活
JIAOXUELUN YU SHENGHUO

出版发行	教育科学出版社			
社　　址	北京·朝阳区安慧北里安园甲 9 号	**市场部电话**	010-64989009
邮　　编	100101	**编辑部电话**	010-64981280
传　　真	010-64891796	**网　　址**	http://www.esph.com.cn
经　　销	各地新华书店			
制　　作	北京大有艺彩图文设计有限公司			
印　　刷	保定市中画美凯印刷有限公司			
开　　本	720 毫米×1020 毫米　1/16	**版　　次**	2019 年 9 月第 3 版
印　　张	8	**印　　次**	2023 年 7 月第 3 次印刷
字　　数	106 千	**定　　价**	29.00 元